# LE BARON
## DE
# L'EMPIRE,

### PAR M. MERVILLE.

### Tome Cinquième.

### PARIS.
### AMBROISE DUPONT, ÉDITEUR,
RUE VIVIENNE, N. 16.

1832.

# LE BARON
## DE
# L'EMPIRE.

IMPRIMERIE DE FELIX LOCQUIN,
rue notre-dame-des-victoires, n° 16.

# LE BARON
## DE
# L'EMPIRE,

Par M. Merville.

V.

PARIS.
AMBROISE DUPONT, ÉDITEUR,
RUE VIVIENNE 16

―

1832

# LE BARON DE L'EMPIRE.

## I.

### La Promesse.

Cependant Alfred de Champdeniers était remis depuis long-temps de sa blessure; et tandis que Jacquot devenait successivement M. Jacques et le colonel Saint-Jacques, lui, faisait son chemin de cour avec non moins de rapidité. Il avait d'abord été attaché à l'introduction des ambassadeurs, puis il était passé à la chambre de Madame-mère ; puis enfin il était, en attendant mieux, officier de garderobe de l'empereur ; ce qui lui donnait le droit de porter l'épée et la plume noire de général de brigade dans le bord intérieur de son chapeau à cornes, et aussi de paraître dans les cérémonies, vêtu d'un superbe habit de drap écarlate couvert de broderies en argent avec un dessous blanc en casimir, ou en drap de soie, selon la saison. Il faut ajouter qu'il était très joli homme, et que cela lui allait fort bien.

## CHAPITRE I.

Son mariage avec Athanasie paraissait ne devoir souffrir aucune difficulté. Les deux familles étaient d'accord sur tous les points. Aux premiers mots qui lui avaient été dits de cette alliance, il était devenu amoureux de la jeune fille avec la même promptitude, la même explosion que s'enflamme un baril de poudre sur lequel tombe une étincelle. Et ce feu avait duré, d'abord parce qu'il y avait eu présence d'un rival et jalousie, ensuite parce que Athanasie embellissait de jour en jour; puis, le dirons-nous? son père ayant eu le bonheur de ne faire contre-révolutionnairement que la guerre civile, n'avait eu aucune de ses propriétés vendues ou saisies, et la jeune vendéenne était un très riche parti. La raison qui déterminait les d'Ar\*\*\*, outre la conformité d'opinions, était le crédit dont le marquis de Champdeniers paraissait jouir à la cour d'Hartwell. Tous ces braves gens que *Buonaparte* avait appelés auprès de lui, et qu'il comblait de faveurs, travaillaient toujours sans relâche à le renverser. Il était juste que la République qu'il avait assassinée trouvât des vengeurs.

Athanasie n'ignorait pas les succès de Jacquot. La sœur du comte M\*\*\* s'était liée avec elle, et lui en donnait des nouvelles. Cela avait été concerté avec son frère, aussitôt que M. Jacques avait

## CHAPITRE I.

eu l'épaulette. Par le crédit de cette demoiselle qui était dame du palais de l'impératrice, Athanasie parvint au même honneur; et dès-lors elle put compter sur un appui pour résister à ses parens, s'ils voulaient trop impérieusement la presser de manquer au secret engagement qu'elle avait pris avec le compagnon de son enfance. Cet appui lui fut bientôt nécessaire.

L'empereur étant revenu à Paris, on voulut profiter de sa présence et lui faire signer le contrat, sauf probablement à faire un jour de cet acte ce qu'on avait fait de celui de Niort, dans lequel un arrêt du conseil-d'état déclara qu'il y avait une faute d'orthographe.

La bonne Joséphine, à qui mademoiselle M*** dit deux mots, obtint de son auguste époux que cela fût remis à l'année suivante. Athanasie fut charmée : son cœur s'ouvrit à toutes les illusions de l'espérance. Hélas! au bout de cette année, quand un nouveau secours lui devint plus nécessaire qu'il ne l'avait encore été, Joséphine était répudiée : l'empereur voulait une alliance avec ses pareils; elle n'était plus d'assez bonne maison pour lui. Les Champdeniers obtinrent qu'il voudrait bien signer le contrat de mariage de leur fils, le propre jour où lui-même deviendrait l'époux d'une princesse de l'antique maison de Hapsbourg. Cette insigne faveur leur fut promise.

## CHAPITRE I.

Alors le colonel Saint-Jacques, parfaitement guéri de ses blessures, obtint la permission de venir à Paris. Il parut dans la société. Son ami M*** qui depuis quelque temps était passé avec son grade dans la garde, lui ménagea une petite introduction à effet. Ce jeune homme avait fait un riche mariage, et tenait maison. Il donna un jour un grand dîner où les d'Ar*** et les Champdeniers furent invités; il pria aussi son ami d'en être, mais sans l'avertir de rien; et il donna le mot au valet-de-chambre de celui-ci pour qu'il ne pût arriver que peu d'instans avant six heures. Cela fut ponctuellement exécuté.

Toute la compagnie était réunie au salon, et l'on n'attendait que la bien-heureuse annonce du maître-d'hôtel, *madame est servie*, pour passer dans la salle à manger. Tout à coup la porte s'ouvre pour livrer passage à un dernier convive, et un homme de livrée crie de l'antichambre : Monsieur le colonel Saint-Jacques ! Ce nom a paru dans les journaux, dans les bulletins : il est connu de tout le monde ; mais personne (excepté Athanasie dont le cœur bat violemment) ne pense avoir vu la figure de celui qui le porte. Tous les regards se jettent à sa rencontre avec curiosité.

Le colonel entre modestement,

## CHAPITRE I.

mais sans embarras. Avant d'attacher les yeux sur personne, il va offrir son hommage à la maîtresse de la maison. Quelle est sa surprise, en relevant la tête, pour saluer également la compagnie, de se trouver en face des figures, si bien connues de lui, des d'Ar*** et des Champdeniers ! Celle d'Athanasie brille et rayonne parmi elles. La rencontre ne lui paraît rien avoir de fâcheux. Il rougit, et la belle cicatrice imprimée sur son front comme un témoin parlant de sa valeur, prend une teinte de vermillon qui la rend plus remarquable et plus intéressante, en rappelant combien il y avait peu de temps qu'elle était encore vive et douloureuse. Alfred regarde bêtement son père et sa mère qui se pincent les lèvres; et madame d'Ar\*\*\*, pour qui la vue d'un jeune homme n'est jamais entièrement dénuée d'intérêt, trouve que pour avoir l'air tout-à-fait noble, il ne lui manque qu'un peu de naissance. Il lui offrit la main pour passer dans la salle à manger; et elle l'accepta de la meilleure grâce du monde. Pour son mari, dont toutes les mesures étaient prises, qui avait même la parole de l'empereur, il ne vit rien de fâcheux dans cette surprise; il fit au parvenu un accueil assez cordial; et ce dîner fut un des plus heureux momens de la vie de notre bon et aimable Jacquot.

Il fit le lendemain visite à ses an-

## CHAPITRE I.

ciennes connaissances ; il se présenta même chez les Champdeniers, qui n'osèrent ni lui fermer leur porte, ni mal accueillir un soldat de l'empereur. On se flattait *in petto* que l'*usurpateur* tomberait ; mais il pouvait rester debout ; et il ne fallait pas compromettre la position où l'on se trouvait auprès de lui.

Le colonel Saint-Jacques fut reçu aux Tuileries avec une faveur marquée, et les nobles Poitevins en furent témoins. Quand Napoléon partit pour aller au-devant de Marie-Louise, il le mit du voyage. L'apercevant seul à l'écart et pensif dans un des salons de Compiègne, il s'approcha de lui.

— Eh bien! colonel, vous n'avez pas l'air content.

— Sire, je le suis de tout ce que je vois arriver d'heureux à votre majesté.

— Je le crois. Vous m'avez rendu service d'abord, et de tous les liens qui peuvent attacher un homme à un autre, je n'en sache pas de plus puissant. Mais moi, j'ai fait aussi quelque chose pour vous, et je vois que vous ne me forcerez pas d'en demeurer là; vous comprenez donc que je vous veux du bien, et pour commencer, si vous avez quelque chagrin personnel que je puisse connaître, faites-m'en part; peut-être pourrai-je vous être utile.

# CHAPITRE I.

— Sire, ce que j'aurais à dire à votre majesté serait si peu digne d'occuper son attention...

— Dites toujours. Vous avez des dettes... hein?

— Grâce au ciel, ce n'est point là l'objet de mes soucis. Mon traitement suffit à toutes mes dépenses : j'ai même des économies.

— C'est bien; j'aime qu'un jeune homme ait de l'ordre.

— Vous n'avez pas de famille : il ne peut donc pas vous venir de chagrin de ce côté-là. Êtes-vous amoureux? Vous rougissez comme une fille! Voyons, remettez-vous et parlez-moi un peu de cela, mais de sang-froid, mais raisonnablement. Qui aimez-vous?

— Votre majesté ordonne, je dois obéir... c'est...

— Voyons, voyons, c'est...?

— Mademoiselle d'Ar\*\*\*.

— La fille... du Vendéen? ( l'empereur baisse la voix ) Vous ne savez donc pas que tous ces gens-là me détestent? qu'ils sont en conspiration permanente contre moi? Nous verrons s'ils reviendront à de meilleurs senti-

# CHAPITRE I.

mens quand je leur aurai donné une archiduchesse d'Autriche pour souveraine. Enfin, vous aimez cette jeune fille... Je l'ai vue : elle est jolie, je crois... Vous allez me dire que la Vénus de Médicis était une grisette en comparaison. Je vous l'accorde. Vous aime-t-elle ? Voilà que vous baissez les yeux ! Ce n'est pas en confesseur que je vous demande cela ; je vous le demande comme un père le demanderait à son fils. Hein?... Oui... C'est entendu, elle vous aime. Eh bien ! que voulez-vous que je fasse à cela, moi ? La petite est fiancée; je dois signer son contrat incessamment. Je ne peux pas ordonner qu'on vous la donne : ils diraient que je suis un tyran.

Un officier qui venait d'arriver à bride abattue dans la cour du château de Compiègne, avait dit un mot à un autre qui était sous le vestibule; celui-ci avait couru dire ce même mot à un troisième, qui était dans la première antichambre, lequel était aussitot venu dans le premier salon de service le répéter à M. d'Ar\*\*\*, et celui-ci s'écria d'une voix sépulcrale dans le salon où l'empereur parlait avec le colonel Saint-Jacques : *Sa Majesté l'impératrice et reine!*

Il y eut un grand mouvement; Napoléon quitta son interlocuteur, et partit comme un trait.

C'était Marie-Louise qui arrivait.

## CHAPITRE I.

Elle se reposa quelques instans à Compiègne, puis reprit bientôt la route de Paris avec celui qui avait tant de fois vaincu son père, et qu'enfin elle venait accepter pour époux. On sait combien furent brillantes les fêtes de ce mariage et à quelles prodigalités il donna lieu. MM. d'Ar*** et de Champdeniers vinrent humblement rappeler à Napoléon la promesse qu'il leur avait faite.

— Je suis tout prêt à tenir ma parole, leur dit-il; mais, Messieurs, en me chargeant du fardeau de l'empire, ce que j'ai souhaité par-dessus tout, ça été d'éteindre les discordes civiles et les haines de parti. Je suis loin de faire un reproche aux gentilshommes de la

Vendée de l'attitude qu'ils ont cru devoir prendre vis-à-vis du gouvernement révolutionnaire; mais ils me feraient croire que le grand objet de mes travaux est manqué, s'ils affectaient encore des défiances, une façon d'être particulière, s'ils faisaient bande à part, enfin, parmi nous.

— Sire... on nous calomnie certainement auprès de votre majesté, si on lui donne à entendre....

— Non, personne ne me parle, personne ne me dit rien de cela : je vois. Tenez, par exemple, vous voilà deux qui voulez vous allier entre vous. Pourquoi cela? C'est d'un très-mauvais exemple. Il n'y a point de laissez-aller là-dedans. J'aime la noblesse ancienne; je le lui prouve toutes les fois que l'occasion s'en présente. Mais nous avons une noblesse nouvelle que j'aime aussi, qui a rendu des services à l'État, et qui lui en rendra encore. Je voudrais les voir se regarder comme deux sœurs, unir, confondre leurs illustrations et leurs prérogatives. La paix publique, la durée de nos institutions, tiennent à cela; et je suis choqué de voir qu'on y répugne. Si l'on veut rompre avec moi, qu'on le dise, qu'on s'explique; mais que du moins nos hostilités soient franches et déclarées.

— Qui serait assez insensé, assez ennemi de soi-même, ici, dans le monde entier, pour songer à se mettre avec votre majesté en état d'hostilité ouverte ou cachée? Nous ne nous allions pas entre nous, comme on a pu le présenter méchamment à votre majesté : nos enfans s'aiment, nous cédons au penchant de leurs cœurs; nous les marions, voilà tout.

Vos enfans ne s'aiment pas. Vous, M. de Champdeniers, votre fils vit assez publiquement avec une actrice du Vaudeville; et vous, M. d'Ar***, votre fille a un engagement formel avec un des meilleurs officiers de l'armée, M. le colonel Saint-Jacques.

— Mon fils!

# CHAPITRE I.

— Ma fille !

— Oui, Messieurs. Il est fort étonnant que je sache mieux que vous ce qui se passe dans vos familles. N'ébruitons rien, ne faisons pas de scandale. Quand la passion du jeune homme pour son actrice sera passée, nous lui chercherons une femme qui lui apportera des avantages, de l'avancement. En attendant, il faut que mademoiselle d'Ar*** épouse le colonel Saint-Jacques, qui est un garçon de mérite, et que d'ailleurs je veux faire tout exprès baron de l'empire avec un bon majorat.

L'entretien finit là ; l'empereur alla

parler à d'autres personnes d'autres objets qu'il traita non moins péremptoirement, et les deux Poitevins restèrent confondus. Il se regardèrent avec des yeux où tout leur dépit éclatait; mais ce fut le seul mode de communication qu'ils employèrent pour se faire part de leurs pensées.

Le lendemain, ils reçurent d'officieuses visites. On leur donna à entendre que l'empereur ne serait pas fâché qu'ils sollicitassent un brevet au bureau du sceau des titres; et ils reçurent l'un et l'autre la croix-d'honneur. Ils virent bien qu'il fallait se résigner. Seulement ils demandèrent un peu de temps, qu'on leur accorda de la meilleure grâce du monde. Et Jacquot, qui était devenu, par lettres et patentes spéciales, le baron de Saint-Jacques, reçut de M. et de madame d'Ar*** la promesse de devenir l'époux de leur fille.

## II.

### Défection.

M. DE CHAMPDENIERS reçut le titre de chevalier de l'Empire dont il fut très-choqué; et M. d'Ar*** celui de comte qu'il accepta, comme il le dit lui-même, avec une vive reconnaissance. On leur donna au sceau des titres leurs anciennes armoiries et leurs anciennes livrées avec quelques légères modifications : cela leur fut très-agréable. Leur ami La Merlatière se démena comme un diable pour obtenir quelque chose ; il fut repoussé de partout. Il punit Paris : il se retira dans le Morbihan.

Cependant le baron de Saint-Jacques voyait assez librement Athanasie, et ces deux aimables jeunes gens attendaient avec résignation, quoique un peu impatiemment, l'effet de la promesse qui avait été faite au premier. Les délais commençaient à n'avoir plus de prétextes admissibles. Le moment tant souhaité semblait être enfin arrivé. La guerre fut déclarée à la Russie, et le jeune baron reçut de l'empereur lui-même l'ordre de quitter Paris dans vingt-quatre heures. Il fit des adieux douloureux, et partit sans consolation et sans espoir.

On se réjouit chez les Champdeniers. Que de chances favorables pour eux! Le baron Jacquot, comme ils le nommaient entre eux par dérision, ne pouvait-il pas revenir invalide? et alors l'usurpateur, n'ayant plus rien à en tirer, ne s'obstinerait pas à lui faire faire un mariage de conquête. Il pouvait être tué... Et qui assurait que le

## CHAPITRE II.

grand général lui-même reviendrait ? Ce joueur qui à chaque coup nouveau faisait son va-tout, devait enfin rencontrer une chance qui le ruinât. Oh, alors! alors!...

Leurs mauvaises passions ne furent que trop prévoyantes. On sait ce qui arriva.

Après la terrible et désastreuse retraite de Moscou, Jacquot, qui était du petit nombre de ceux en faveur de qui un miracle s'était fait, revint à Paris. Il ne restait, en le comptant, que seize hommes de son régiment. Les d'Ar\*\*\* le reçurent avec froideur. Ils lui dirent que l'Italie se soulevait, et que probablement c'en était fait du *Monte Napoleone* et de ses dotations. Celle du baron de Saint-Jacques n'avait que cette hypothèque; c'était lui dire qu'il était ruiné, et que son mariage avec Athanasie ne pouvait plus avoir lieu. En tout cas, il sentit que le moment n'était pas favorable pour rappeler les promesses qu'on lui avait faites: il n'en ouvrit pas la bouche.

L'empereur était revenu avant lui; il avait été presque complimenté par son vil sénat qui n'avait pas hésité un instant à lui donner une nouvelle armée. Une loi réorganisait les gardes nationales de l'Empire; et celle de Paris, que Napoléon paraissait redouter, fut divisée en douze légions sous le commandement de douze chefs que l'on tâcha de choisir bien dévoués, c'est-à-dire, bien dépourvus de sentimens nobles et de patriotisme : ce qui ne s'est que trop vu depuis. Ceci donna lieu à une scène dont Jacquot fut témoin la première fois qu'il parut au lever de l'empereur.

Le duc de G... avait été appelé à commander une de ces légions ; il refusa. C'était un homme d'ancienne souche, dont le nom ne réveillait que des souvenirs aristocratiques. Bonaparte tenait plus que jamais en ce moment critique à montrer que les hommes de cette sorte lui étaient fidèles. C'était d'un excellent exemple pour les citoyens de moindre étage, d'abord; et il se persuadait que le peuple y verrait un signe de solidité pour le trône qui croulait déjà. Bonaparte connaissait le soldat; il ignorait parfaitement le peuple. Le peuple n'est certainement pas en état de raisonner, parce qu'il manque de certaines lumières qu'on a toujours grand soin de ne pas laisser à sa portée; mais pour apprécier les choses, il est doué d'un sentiment exquis que ne possèdent non plus ni les orgueilleuses classes dites élevées, ni la sotte et prétentieuse classe mitoyenne, ignorante comme le peuple qu'elle méprise, et hautaine comme la noblesse qu'elle envie en la maudissant.

## CHAPITRE II.

Le ciel garde toute nation de tomber aux mains de la classe mitoyenne! couarde, égoïste, aimant ses aises, il n'y a sorte d'avilissement, d'exaction, d'oppression dont elle ne l'accable pour la conservation de ses mesquins intérêts. Qu'est-ce qu'un gouvernement qui n'est franchement ni populaire ni aristocratique, mais qui a seulement la prétention de réunir en lui ces deux principes, en rejetant de chacun ce qui en fait la vertu, c'est-à-dire, en n'en adoptant que les vices? C'est un leurre, une mystification, une honte pour les peuples qui le supportent; c'est leur dégradation et leur ruine. Me voilà bien loin de mon anecdote.

Le duc de G... avait donc refusé la grâce qui lui était faite. Napoléon ne vit pas là-dedans un acte de libre arbitre, qui était parfaitement dans le droit de cet homme; il y vit une lâche insulte et une trahison. Or, au lever suivant, qui ne fut pas moins nombreux que ceux des beaux jours de 1811, le duc vint aux Tuileries, comme s'il n'avait fait qu'une chose indifférente. Le cercle formé par les courtisans en habits de toutes couleurs, chargés de broderies du plus précieux travail, se projetait en ellipse dans toute la longueur du vaste salon de la paix. Le duc était à une des extrémités de cette ellipse, du côté de la porte. L'empereur, solennellement annoncé, parut à l'autre.

## CHAPITRE II.

Son œil de stratège, exercé à parcourir, à embrasser, à détailler des masses, découvrit sur-le-champ ce bel habit de velours bleu-de-roi, roide et pesant de la magnifique broderie d'argent qui en masquait presque toute l'étoffe. Sur ce lingot éblouissant de blancheur, la croix d'or d'officier de la légion-d'honneur et l'élégante bouffette rouge à laquelle elle était suspendue, ressortaient de tout leur éclat. Napoléon irrité a vu tout cela. Il se détache du groupe qui vient d'entrer avec lui, et fronçant le sourcil, baissant la tête et marchant rapidement avec un mouvement singulier des hanches et des épaules, il fond sur le malheureux courtisan, comme l'émouchet sur le vanneau timide, ou comme un corps de grosse cavalerie sur un carré de recrues ou de soldats de landsturm.

— C'est vous, M. de G...? lui criat-il avant d'être sur lui, que venez-vous faire ici ?

— Sire... sire... balbutia le grand seigneur effrayé et faisant un pas en arrière.

— Qu'est-ce que cela, M. de G...?

Et en parlant ainsi, l'empereur le saisissait et le retenait par sa brillante bouffette rouge.

— Sire... sire...

## CHAPITRE II.

— Qu'est-ce que c'est ?

— Mais...

— C'est une marque d'honneur ; et en vous la donnant j'ai cru qu'elle vous apprendrait à vous conduire en homme d'honneur. Je me suis trompé.

En prononçant cette foudroyante parole, l'empereur ramena brusquement sa main à lui. Rien ne s'en échappa; mais ceux qui eurent le courage de regarder le duc virent que la bouffette rouge n'était plus sur sa broderie blanche. Il n'osa ni demeurer, ni sortir; il se retira en arrière pâle et tremblant de dépit et de honte.

Quelques jours après, le baron de Saint-Jacques reçut ordre de se rendre sur l'Elbe, où il devait prendre le commandement d'un corps formé d'illustres débris ralliés, comme tout le reste de la malheureuse armée française, par le zèle et par les soins du prince Eugène. Avant son départ, il se présente chez les d'Ar\*\*\* pour leur faire ses adieux, et voir encore une fois (la dernière peut-être) celle qu'il avait pu se flatter un moment de voir la compagne de sa vie. Vain espoir! il n'y avait personne à l'hôtel. Le suisse lui dit que M. le comte et madame la comtesse étaient partis la veille pour leurs terres de la Vendée.

## CHAPITRE II.

Ce fut un coup de foudre pour le malheureux Jacquot. Il ne voulut rien ignorer de ce qu'il pouvait avoir à craindre. Il se transporta à la demeure des Champdeniers : ils avaient également quitté Paris depuis vingt-quatre heures.

Il écrivit pour l'acquit de sa conscience, prévoyant bien le sort de sa lettre; mais il ne voulait rien avoir à se reprocher. Il la mit lui-même à la poste, et il partit la mort dans l'âme.

Laissons-le marcher à de nouveaux dangers, à une nouvelle gloire, à de nouveaux honneurs qui ne seront point confirmés, et suivons deux calèches qui courent sur la route de Saumur : elles sont occupées par les familles d'Ar*** et de Champdeniers.

— Il ne s'en relevera pas, disait-on dans la dernière. Il n'a pas su s'attacher la noblesse, elle le lui fera payer cher. L'ambitieux! avoir eu l'audace de s'asseoir sur le trône de France! Son rôle était si beau, s'il l'avait voulu! s'il s'était servi de sa position pour rappeler ses souverains légitimes, il n'y avait rien à quoi il ne pût prétendre. On l'aurait gorgé d'or, on l'eût fait marquis, duc; il serait aujourd'hui maréchal de France sans aucun doute, connétable peut-être : après le service qu'il eût rendu, on pouvait rétablir en sa faveur cette grande dignité, et personne n'y trouverait à redire. Il a fait le maître, le despote bourgeois pendant une quinzaine d'années; il s'en trouve bien aujourd'hui! il va être battu à plate-couture à la première affaire. Que voulez-vous qu'il fasse avec ses conscrits et ses gardes nationales mobiles? Tout cela va se débander et fuir à toutes jambes au premier coup de canon.

— Je voudrais être là!

— Il est certain que ce sera un curieux spectacle.

— Mais lui, lui! c'est lui surtout

que je voudrais voir ! Il ne s'agira pas là de donner du pied dans le derrière à ses maréchaux.

— Il se tuera.

— Ne croyez pas cela ! Il est trop lâche ; il se sauvera ; il s'est bien sauvé d'Egypte.

— On dit qu'à Saint-Cloud il s'est trouvé mal de frayeur.

— Il se sauvera, et on le prendra, et on lui fera son procès.

— Il faut le faire juger par une commission militaire, et qu'il soit fusillé.

## CHAPITRE II.

— Non, non, guillotiné.

— Guillotiné! la mort du roi martyr! Ah! la guillotine doit cesser désormais d'être un instrument de supplice; ce doit être un symbole, un signe révéré, comme la croix du Rédempteur. On rétablira la roue et la potence, et il faut que l'ogre de Corse soit au moins pendu.

— Il le sera!

— Il le sera : il a dédaigné la noblesse!

— Il y a une justice : il le sera!

On voit que dans cette voiture les

opinions étaient d'une identité parfaite. Dans l'autre, on n'était pas tout-à-fait aussi unanime.

— Nous avons cédé à la force, mademoiselle; nous avons promis pour éviter des persécutions; mais jamais notre intention n'a été de tenir parole : demandez à votre mère.

— Jamais, jamais. Dès que nous avons vu cet homme travailler audacieusement pour lui-même, nous avons commencé à prévoir ce qui lui arrive : moi, du moins.

— Moi aussi : vous vous rappelez que je vous l'ai dit. J'ai vu sa décadence

## CHAPITRE II. 43

s'annoncer dès Marengo. A quoi a-t-il tenu là qu'il ne fût battu ?

— Et à Austerlitz !

— Et à Iéna, à Eylau, à Friedland, à Wagram ! Il a eu du bonheur sans le moindre talent ; et le grand bruit qu'il en a fait n'est que pur charlatanisme.

— Nous allons le voir à présent qu'il n'a plus d'armée ; nous verrons s'il nous donnera encore des bulletins.

— En tout cas, mademoiselle, c'est à M. le comte Alfred de Champdeniers que vous êtes fiancée, et non à M. le baron Jacquot.

— Cependant c'est pour vous obéir que j'ai donné à ce jeune homme une parole qui ne doit pas être un indigne mensonge.

— Je vous prie d'abord de mesurer vos termes, mademoiselle. Ce mensonge, c'est nous qui en serions les auteurs, n'est-ce pas? Un homme comme lui a tort de croire aux paroles de gens tels que nous, quand elles doivent avoir pour résultat de nous déshonorer; et nous n'avons rien autre chose à attendre d'une alliance avec lui.

— M. de Saint-Jacques est un honnête homme, un brave militaire...

— Qui vous dit non? Mais ce brave

militaire tirait toute son illustration de son chef ; ce chef va rentrer dans la boue, il y rentrera avec lui.

On approchait de Saumur. Un gendarme fit signe au postillon de la première calèche d'arrêter ; celui-ci obéit. L'autre voiture, qui rejoignit bientôt, en fit autant. Le gendarme demanda les passeports.

— Comment, des passeports ! à des gens comme nous ! Nous n'en avons pas.

— Je ne sais quelles gens vous êtes ; mais si vous n'avez pas de passeports, vous n'entrerez pas en ville ; et vous aurez la bonté de retourner d'où vous venez pour en prendre.

— Retourner! mais nous venons de Paris.

— Quand vous viendriez de Pétesbour.

— Mais, gendarme!...

— Gendarme! gendarme! qu'est-ce que vous voulez dire? j'ai une consigne, moi: il faut que je m'y conforme.

— Mais nous sommes des habitans de cette province; nous avons des terres dans le pays.

— Ça ne vous dispense pas de voyager avec des passeports.

— Nous sommes qualifiés, décorés.

## CHAPITRE II. 47

— C'est quelque chose....

— Nous sommes officiers de la maison de l'empereur.

— Officiers de sa majesté l'empereur ! Pardon, messieurs : c'est bien différent. Si vous aviez dit cela tout de suite... Ce n'est pas moi qui entraverai le service de sa majesté l'empereur et roi. Passez, passez, messieurs. Je vais courir avertir monsieur le maire. Ceci doit être l'affaire des autorités supérieures.

Ils entrèrent, encore une fois protégés par ce nom qu'ils venaient de maudire. Le maire, qui vint bientôt les visiter à leur auberge, fut saisi du même respect, et ne s'opposa point, comme il aurait pu le faire, à ce qu'ils continuassent leur route.

## III.

### l'Enlèvement.

Le premier soin du baron de Saint-Jacques en arrivant au corps dont le commandement lui était confié, fut de le passer en revue. Il lui parut assez mal composé : c'était l'histoire de tous les autres corps de l'armée française à cette fatale époque. Il y trouva cependant un assez agréable sujet de surprise : ce jeune frondeur, commis d'un référendaire, qu'il avait reconnu en Espagne après la rencontre qu'il en avait faite en 1807 dans l'antichambre du chambellan d'Ar\*\*\*, était au nombre de ses officiers : il portait l'épaulette de capitaine.

— Comment ! lui dit-il, vous, vous ici ! et avec un grade !

— Le grade est la seule chose qui doive vous étonner, lui répondit le jeune homme ; et je m'étais assez catégoriquement expliqué à ce sujet pour avoir l'air, en effet, d'être en contradiction avec moi-même. Je suis toutefois très-conséquent, au contraire. Il me déplaisait d'être soldat, c'est-à-dire sabre ou fusil, machine à tuer des hommes sous le bon plaisir d'un homme. Cette condition me déplaisait surtout dans cette héroïque Espagne où nous avons porté le fer et la flamme... Oublions cela. Je ne voulais point de grades, je ne voulais donner, par aucun acte de ma volonté, une adhésion à cette servitude. Je finis cependant par réfléchir que si je pouvais accrocher l'épaulette, je me trouvais libre de donner ma démission et de retirer mes pieds de ce sang. Je m'évertuai dès-lors à l'obtenir, et j'y parvins. Je fus fait sous-lieutenant après la prise de Sarragosse. Sarragosse!... Je restai au régiment quelques mois par une sorte de sentiment de convenance, et prétextant un dérangement de santé, des affaires de famille... Je ne sais plus quoi ; je demandai la permission de me retirer, qui me fut accordée aussitôt. Si vous me voyez à l'armée aujourd'hui, j'y suis de mon propre mouvement. Le métier de soldat s'est ennobli à mes yeux depuis qu'il ne s'agit plus de l'intérêt d'un homme, mais de la défense de mon pays. Quand j'ai appris la perte de cette admirable armée, de ce rempart vivant de la France qu'on a aminci en le portant trop loin, j'ai écrit au ministre.

## CHAPITRE III.

Ma santé affaiblie en Espagne, lui ai-je dit, s'est rétablie, et je demande du service dans mon grade, dans un grade inférieur, dans celui de simple fusilier s'il le faut. Employez-moi comme un homme qui a fait le sacrifice de sa vie, et qui ne demande qu'à mourir pour préserver la France de l'invasion de l'étranger. Au lieu de la France, les doigts m'ont démangé de mettre : la République française. C'était le cas de prononcer le mot ; il serait électrique. Quel élan il nous rendrait ! Ah ! brave colonel Jacquot... ou Jacques... ou peut-être quelque nom de meilleur ton encore ! République française ! si l'on criait cela ici, ce serait du canon, ce serait de la cavalerie, ce serait tout ce qui nous manque ; cela réveillerait et ferait lever debout la belle et puissante armée qui sommeille là-bas.

Jacquot se tut : c'était toujours son rôle vis-à-vis ce jeune homme. Il était toujours mal à son aise avec lui, car il ne se sentait mu que par des intérêts personnels, et il trouvait dans les discours et dans l'âme de celui-ci la plus belle et la plus noble passion dont le sang d'un homme puisse s'enflammer : l'amour de son pays.

On fut bientôt en présence de l'ennemi : la bataille de Lutzen eut lieu. Elle fut gagnée par l'armée française. Pendant l'action, le capitaine Remi

## CHAPITRE III. 55

( c'est le nom du jeune commis ) fit des prodiges de valeur. En entendant la musique du régiment exécuter des airs de *la Vestale* et de *Fernand Cortès*: — Oui, je t'en *souhaite!* s'écria-t-il; c'est bien de cela qu'il s'agit. Donne-nous la *Marseillaise*, musique, et *ça ira!* Et il attachait à ce dernier mot un double sens qui le comblait d'aise. Quand, après la retraite de l'ennemi, l'empereur parcourut le champ de bataille, sa présence excita les plus bruyantes acclamations. Le capitaine Remi y mêla les siennes; mais il criait à tue-tête : Vive la France! Une fois Napoléon se trouva à portée de l'entendre ; il le chercha des yeux et l'ayant aperçu :

« Tu as raison, jeune homme, lui dit-il, et c'est comprendre la question. Oui, cria-t-il d'une voix forte, et en découvrant sa tête, vive, vive la France! c'est pour elle, pour elle seule, qu'il nous faut tous maintenant vaincre ou mourir! »

Tous ceux qui purent entendre ces belles paroles y répondirent par ce même cri de vive la France! Le capitaine Remi, frémissant de tout son corps, élevant les mains et faisant flamboyer son épée :

« Eh bien donc! vive l'empereur! s'écria-t-il, et que Dieu protège ses armes! »

## CHAPITRE III.

Jacquot rencontra sur ce champ de bataille le colonel M*** qu'il n'avait pas vu depuis son départ de Paris. Il lui raconta ses nouveaux chagrins et la trahison des d'Ar*** et des Champdeniers.

— Ils sont allés se mettre en mesure de remuer leur Vendée, quand ils en croiront l'occasion favorable, lui dit ce jeune homme; puis il ajouta : Mon pauvre ami, vous avez là une déplorable passion. Tout le bonheur dont elle vous flattait me paraît évanoui ; et quand vous pourriez y compter de nouveau, il est toujours fâcheux de se trouver allié comme vous le seriez à des misérables sans foi et sans honneur.

— Ce ne sont pas eux que j'épouse;

— Vous vous trompez, mon cher ami ; c'est une erreur commune, funeste, et que je voudrais bien voir dissipée. En se mariant, on n'épouse pas seulement une femme; on épouse sa famille; on contracte une solidarité qui coûte souvent plus d'un regret; et les dégoûts, les soucis les plus fâcheux d'un ménage viennent souvent de ce côté. Il faut pourtant voir ce qu'il nous reste à faire en cette circonstance. J'entends le tambour. Adieu, nous en reparlerons.

Vingt jours après on remporta une nouvelle victoire à Wurtzen. Dans une des évolutions que fit l'armée en prenant ses positions, le baron de Saint-

## CHAPITRE III.

Jacques, qui n'avait pas vu son ami M*** depuis Lutzen, passa devant le corps que celui-ci commandait. M*** était à la tête.

« Saint-Jacques, lui dit-il en passant, j'ai quelque chose à vous communiquer. Tâchons de nous revoir après le combat. »

Les premiers engagemens ne tardèrent pas à avoir lieu, et bientôt une mêlée effroyable. Des cent mille actions partielles qui signalèrent cette grande journée, une seule tient à cette histoire; nous ne mentionnerons qu'elle. Une compagnie de grenadiers de la garde marchait à la baïonnette sur une redoute. Un escadron de cavalerie ennemie vient tout à coup la prendre en flanc. Les grenadiers font face, et se défendent avec leur valeur accoutumée. Mais le nombre l'emporte ; ils sont débordés, ils vont être enveloppés et mis en pièces. C'était le malheureux comte M*** qui les commandait. Sa vaillante, mais faible troupe, était déjà réduite de plus de moitié. Jacquot voit cette lutte inégale et reconnaît son ami.

« Quelques braves de bonne volonté », s'écrie-t-il en se tournant vers les siens ; et il s'élance au secours du jeune comte et de ses braves compagnons. Le capitaine Remi le suit à la

## CHAPITRE III. 61

tête de sa compagnie. Déjà les cavaliers s'étonnent; ils reforment leurs rangs et portent des coups moins meurtriers. Mais l'un d'eux, remarquable par sa grande taille, enveloppe le comte dans le cercle d'une volte savante qu'il fait faire à son cheval. Saint-Jacques n'est qu'à deux pas; il voit cette perfide manœuvre; il voit le cavalier se baisser sur le pommeau de sa selle, et quand la volte accomplie découvre le terrain et laisse apprécier le résultat de cette action, il voit que le centaure a saisi M*** par le revers de l'habit, et qu'il l'entraîne en reculant, à demi-renversé, vers le centre de l'escadron, où un vide marque encore sa place.

L'infortuné M\*\*\* crie, se débat, fait les plus énergiques efforts pour se remettre debout; tout est vain, tout est superflu; il faut céder à la force irrésistible contre laquelle il se consume en une lutte par trop inégale. Mais Jacquot est déjà là; mais l'intrépide capitaine Remi arrive avec ses chasseurs au pas de course. Le commandant de l'escadron voit qu'il ne pourra pas tenir; il fait volte-face, tire un coup de pistolet à bout portant dans la figure de Jacquot, et s'éloigne à la tête de l'escadron qu'il fait mettre au galop. Le capitaine le poursuit aussi infructueusement que le pauvre colonel M\*\*\* avait tenté de se relever. Il suit d'un œil consterné cette troupe qui fuit et se rapetisse en s'éloignant. Le malheureux M***, soutenu des coudes entre deux chevaux qui quelquefois l'écrasent en se rapprochant, suit malgré lui cette course rapide, ne marchant pas, ne courant pas, ce qui serait impossible à un homme; mais frappant à temps inégaux la terre de ses pieds, afin d'alléger le poids de son corps suspendu entre les deux chevaux. Parvenu aux lignes ennemies, il tombe sur la terre couvert de sang, de poussière, et à demi-suffoqué par l'excès de son émotion.

Remi fit conduire aux ambulances le colonel Saint-Jacques qui paraissait respirer encore. Puis le bon jeune homme se remit tristement à son poste.

Tandis que tout ceci avait lieu, un événement non moins intéressant se passait sur l'ancien théâtre, et entre les premières décorations du drame dont nous rapportons les nombreux épisodes.

Il y avait à peu près quinze jours que les deux calèches dont nous avons parlé dans le chapitre précédent étaient arrivées à la terre que possédait madame d'Ar\*\*\*, près de la forêt du Gralar, cette terre où nous avons vu qu'elle donnait, dans sa jeunesse, des rendez-vous au chevalier de la

Contrie. Un matin qu'Athanasie était seule dans sa chambre, songeant au pauvre baron de Saint-Jacques, son père et sa mère parurent devant elle. Ils avaient fait, sans l'en prévenir, les déclarations légales à la maison commune de la Coupechanière, qui était le siége de leur mairie; les mêmes formalités avaient été remplies dans la commune de Saint-Estenange, où M. de Champdeniers avait un château; ils lui annoncèrent que dans huit jours elle serait la femme d'Alfred. Elle eut beau se récrier, rappeler les promesses contraires qu'on lui avait fait faire, on ne voulut rien entendre, et on lui signifia de se préparer à obéir.

Que voulez-vous que fasse une pauvre jeune fille sans force, sans appui, qui a toujours vécu dans la plus entière dépendance? Elle pleura, elle se désola, ce qui ne changea rien aux volontés de ceux qui la tyrannisaient au nom des liens du sang et des droits de la nature.

Il arriva du monde pour la cérémonie : une partie de cette compagnie distinguée que Jacquot avait vue autrefois à Poitiers; le commandeur de Féolette; le malencontreux vicomte de La Merlatière, qui portait un bandeau de taffetas noir sur l'œil gauche, par suite d'un coup qu'il avait récemment reçu dans des jeux champêtres

## CHAPITRE III.

auxquels il avait daigné prendre part. Il parlait dela gorge, et prononçait les lettres et syllabes nasales avec une extrême difficulté. Il devait ce surcroît d'agrément au malheureux coup de fleuret que lui porta le jeune Champdeniers, lors de la leçon d'escrime qu'il lui donna pour son duel avec Jacquot. Le vicomte, depuis cette fatale époque, voyait toujours le jeune homme de mauvais œil. Cette maladresse, qui l'avait retenu long-temps au lit, était cause, à ce qu'il prétendait, du peu de chemin qu'il avait fait à la cour. Il est vrai qu'il s'en consolait un peu depuis qu'il voyait la fortune de l'usurpateur chancelante. M. et madame Duch... vinrent aussi. Ils étaient bien âgés. Le bon grand-père apporta à sa petite fille un joli nécessaire en carton, dernier ouvrage de sa vieillesse. Il en avait orné le couvercle d'un médaillon en paille représentant l'empereur et l'impératrice. C'était un ouvrage minutieux qui lui avait pris beaucoup de temps. Il l'avait commencé à l'époque du traité de Presbourg. C'était une petite flatterie innocente sur laquelle il avait compté pour se faire continuer son titre de comte et ses armoiries qui lui étaient si chères. C'était Joséphine qui portait alors le nom d'impératrice ; et tandis que le bonhomme travaillait à son cartel, d'après un dessin d'Isabey, Marie-Louise vint prendre la place de Joséphine. Il était si satisfait de son

## CHAPITRE III.

chef-d'œuvre, qu'il ne put prendre sur lui de l'abandonner : il le continua; seulement il en changea la destination.

Ce fut le notaire national Rendu, devenu notaire impérial, qui fut chargé de rédiger le contrat. Les deux familles et les témoins se rendirent dans son étude à Vieille-Vigne.

On dîna au château. L'amphitryon, comme cela arrive assez fréquemment en campagne, retint ses convives à coucher. Ils acceptèrent pour la plupart; mais M. et madame d'Ar*** retournèrent chez eux avec leurs vieux parens, Athanasie et le vicomte de La

Merlatière qui voulut à toute force les accompagner.

La soirée était magnifique, l'air calme, pur, embaumé; la lune, balancée sur l'immense fond d'azur du firmament, au milieu d'une multitude sans fin d'étoiles scintillantes, semblait regarder nos voyageurs avec intérêt, et se plaire à répandre devant eux sa paisible lumière, pour les conduire à travers le silence et l'obscurité. Afin de jouir avec plus de plénitude du charme dont ils se sentaient pénétrés, ils mirent pied à terre en sortant de la Coupe-chanière, et firent prendre les devans à leurs voitures, résolus de gagner leur demeure à pied. Comme ils longeaient

## CHAPITRE III.

le bord de la forêt, divisés en plusieurs groupes séparés les uns des autres par des intervalles qu'il eût été prudent de rapprocher davantage, quatre hommes sortis du Gralar à l'improviste s'approchèrent d'Athanasie. L'un d'eux lui porta un mouchoir à la bouche, pour l'empêcher de crier, et les autres l'enlevèrent comme une plume, et se hâtèrent de rentrer dans la forêt chargés de ce précieux fardeau. La Merlatière n'hésita pas sur ce qu'il avait à faire. Il poussa un grand cri, pour avertir M. et madame d'Ar\*\*\* qui le précédaient; puis il se mit à poursuivre courageusement les ravisseurs. Deux d'entre eux se retournèrent sur lui, tandis que les deux autres, suffisant pour emporter la jeune fille évanouie, continuèrent de s'éloigner. Alors le pauvre vicomte éprouva encore la malignité de son étoile : ses adversaires le culbutèrent dans un fossé qu'une forte pluie, tombée quelques jours auparavant, avait rempli d'une eau devenue verte et fétide, et ils l'y laissèrent jurant et se débattant dans une vase noire et épaisse, où ses efforts ne faisaient que l'embourber davantage.

Il n'était pas prudent de s'engager dans le bois sans armes, et à une heure aussi avancée. On cria, on rappela les cochers et les domestiques qui étaient en avant. On espérait que ce bruit pourrait intimider les ravisseurs, et

## CHAPITRE III.

leur faire abandonner leur proie : on attendit jusqu'au retour du jour. La malheureuse Athanasie ne revint pas, et l'on eut la triste certitude qu'il ne restait qu'à implorer le secours de l'autorité contre un attentat si inconcevable. On aida La Merlatière à sortir de son fossé, et l'on rentra en ne faisant diversion à l'inquiétude que par de justes projets de vengeance.

# IV.

## Vieilles connaissances.

LE coup de pistolet qui renversa le baron de Saint-Jacques à Wurtzen ne le tua pas; mais il lui fit une blessure dangereuse, et qui fut longue à guérir. Tiré de haut, il ne porta point horizontalement à travers la face : la balle effleura le menton, glissa sur le hausse-col, qu'elle froissa, et pénétra dans la poitrine, au-dessous de la clavicule droite : elle fut extraite entre la cinquième et la sixième côte du même côté. Notre ami n'assista donc ni à la bataille de Dresde, ni même à celle de Leipsick, donnée cinq mois après. Il ne se retrouva en état de reprendre les armes que dans l'héroïque campagne de 1814. Il n'avait pas revu son ami M***; mais il eut la consolation d'apprendre qu'il était aussi à l'armée avec le grade de général, ayant été échangé pendant les conférences qui précédèrent la glorieuse journée de Dresde. Il se hâta de lui donner de ses nouvelles; il en reçut la réponse suivante :

« Mon cher colonel,

» Je suis charmé d'apprendre que vous soyez encore de ce monde, et que votre santé se soit si parfaitement rétablie. Le chagrin que vous font éprouver nos revers ronge mon cœur comme le vôtre, mon ami. Belle et glorieuse France! la voilà donc envahie, abattue aux pieds de ceux que tant de fois elle a vus à genoux devant elle! C'est à se faire sauter la cervelle! car à quoi aboutiront les efforts que nous faisons tous les jours? Nous donneront-ils de la gloire seulement? Non. Après le rôle

## CHAPITRE IV.

que nous avons joué en Europe, être réduits à nous défendre pied à pied! Ah, mon pauvre ami!... Tenez... vous trouverez ici une maculature : c'est une larme qui vient de tomber sur mon papier, et que ma plume a touchée en courant. Oui, une larme! oui, je pleure!... je pleure sur mon noble et malheureux pays!... Je pleure sur cet homme que nous connaissons si bien, nous qui l'avons vu de si près. O mon ami! jamais il n'a été aussi sublime; jamais son puissant génie n'a été plus fécond en ressources. Son exemple nous enflamme : il a dix hommes dans chacun de nous; mais ce n'est pas assez. Nous venons d'écraser les Prussiens à Brienne, et les Russes à Champ-Aubert. Ces victoires nous tuent; nous y perdons notre sang, et notre sang le plus précieux. Nous mourons noblement, mon ami, mais nous mourons.

» Résignons-nous.

» Parlons d'autre chose.

» J'avais conçu, sans vous en faire part, après notre dernier entretien à Lutzen, un projet un peu fou peut-être, mais que dans une situation désespérée on pouvait tenter de mettre à exécution. Vous saurez que ma femme possède une assez jolie terre dans le département de la Vendée : cette terre, qui se nomme Le Bard, a été vendue il y a quelques années à son père, par un M. Charles Guesdon, fort brave homme, qui est dans ce moment auprès de moi. A plus de quarante ans, il s'est avisé de reprendre du service. C'est un ancien officier républicain qui a fait la guerre contre Charette, et qui à la pacification s'est retiré chez lui. Son domaine avait été incendié par les rebelles. Il eut une assez forte part dans les indemnités, et il le fit rebâtir. Il n'aime ni l'empereur, ni la monarchie; mais quand il a vu l'étranger sur le sol de la patrie, il a cru qu'il était de son devoir de venir se joindre à nous, et de mourir en combattant. Je l'ai pris comme aide-de-camp, et je le ménage.

» Or, l'an dernier, en partant pour l'armée, je priai ma femme d'aller s'établir au Bard. Je sus bientôt par elle que vos d'Ar*** étaient ses voisins. Je lui envoyai, après notre conversation de Lutzen, des instructions qu'elle suivit de point en point. Ma femme serait un excellent officier d'état-major. Elle se fit aider par son frère et deux domestiques discrets, et un beau soir elle enleva votre Athanasie. Il était temps : quelques jours plus tard le sot rejeton des Champdeniers était son mari.

» Votre pauvre amie, qui se sentit sauvée, fut d'abord ravie; cependant son équivoque détention finit par lui inspirer des inquiétudes. Ma femme, qui à ses aimables qualités joint l'esprit d'un lutin, partit aussitôt pour Paris, emmenant avec elle mademoiselle d'Ar\*\*\*; elle la présenta à l'impératrice, qui, sans se douter de rien, retint officiellement la jeune personne auprès d'elle. Ses dignes parens furent obligés de prendre la chose en bonne part: ils revinrent à Paris, où, je crois, ils sont tous à l'heure qu'il est.

» C'est à vous maintenant, mon cher baron, de...

» Mais le boute-selle! Au diable! il faut m'arrêter là. Je clos donc ma lettre. Elle vous sera remise par une bonne vieille vivandière qui vous connaît, et qui, dit-elle, vous aime *comme ses yeux.*

» Adieu, adieu. Puissé-je vous revoir, vous serrer encore la main sur quelque glorieux champ de bataille, comme votre dévoué frère d'armes et votre tendre ami !

» C<sup>te</sup> M\*\*\*. »

A quelques jours de là Jacquot reçut ordre de se retirer sur Paris avec une faible division. Le grade de général de brigade lui était conféré. Il obéit avec joie : c'était un moyen de revoir Athanasie ou d'avoir de ses nouvelles.

Malgré le soin avec lequel il déroba sa marche, il fut suivi et attaqué entre Bobigny et Pantin. Il se défendit vaillamment. Ce fut inutile : après deux heures d'une lutte désespérée, il fallut mettre bas les armes.

Cependant l'impératrice avait quitté la capitale en toute hâte, et se dirigeait sur Tours, accompagnée d'un nombreux cortége. La famille d'Ar*** résolut de la suivre. La route était libre, assurée, et c'était le chemin de la Vendée. Mais il y avait presse à la poste : on eut beau se prévaloir du titre d'Athanasie, *dame d'honneur de l'impératrice*, il fallut attendre. Les femmes de maréchaux, de sénateurs, les banquiers, les banquiers eux-mêmes, n'avaient point de privilége; on ne pouvait passer qu'à son tour : c'était une véritable anarchie.

Enfin, quand, après quelques jours, on put avoir des chevaux, il était devenu très-imprudent de s'exposer sur les chemins. Paris avait capitulé, et la déchéance de l'empereur était prononcée par le sénat, par le sénat qui pendant dix ans ne s'était pas senti une seule fois le courage de lui faire une sage représentation. Les environs de la capitale étaient infestés de cosaques et de partis allemands, aux mains desquels il n'aurait pas fait bon de tomber. On parlait même de l'é-

## CHAPITRE IV.

pouse d'un officier supérieur que ces maraudeurs n'avaient pas respectée. Madame d'Ar*** voulait partir malgré ce péril; mais son mari lui fit sensément observer qu'il ne fallait pas y exposer leur fille. Elle se rendit, et l'on resta.

Peu de temps après, le baron fut rendu à la liberté. Il rentra furtivement dans Paris, car le séjour lui en était interdit; et le besoin de revoir Athanasie lui fit risquer de se présenter chez M. d'Ar***. Celui-ci le reçut avec une politesse froide et hautaine.

« Je suis fâché, lui dit-il, que vous me mettiez dans la nécessité de vous le déclarer ouvertement; mais nos relations sont changées. Les événemens qu'il a plu à la Providence de nous faire si long-temps attendre, ont remis à leurs places respectives les choses anciennes et les choses nouvelles. Pourquoi la noblesse de l'empire a-t-elle eu la prétention de s'allier à nous qui sommes la vraie, la seule noblesse? L'Europe se rit de ces parchemins de fraîche date par lesquels on croyait avoir remplacé les nôtres.

— L'Europe, si elle croit pouvoir se rire de nous, en a payé le droit assez cher pour grimacer un peu en se donnant ce misérable plaisir. Mais vous, monsieur le comte, que je dois regarder comme un homme d'honneur.....

— Je suis marquis et non pas comte.

## CHAPITRE IV.

La tyrannie de l'usurpateur m'avait imposé ce titre, et je l'avais souffert, ne voulant point m'attirer les persécutions du despote, et comptant bien que cet opprobre ne peserait pas long-temps sur mon nom.

— Marquis, soit; je n'ai pas voulu vous déplaire. La noblesse plus illustre, de plus pure origine, dont vous retrouvez la possession, ne doit être pour moi qu'un sujet de plus d'espérer que vous ne manquerez pas à votre parole.

— Que voulez-vous dire? quelle parole?

— Celle que vous m'avez solennellement donnée, monsieur le marquis;

celle de m'accorder mademoiselle Athanasie pour épouse.

— Ma fille ! mademoiselle d'Ar\*\*\* ! Ecoutez-moi, mon cher monsieur Jacquot.... Saint - Jacques... baron de Saint-Jacques, si cela peut vous être agréable.

— Oh ! Jacquot, monsieur le marquis, Jacquot, si cela peut aussi vous divertir un moment. Je vous réponds que je n'y tiens guère ; le nom d'un honnête homme me paraît devoir toujours sonner assez honorablement à l'oreille des gens sensés. Et je me plais à croire que vous ne me refusez pas le titre d'honnête homme.

— Le ciel m'en préserve ! je ne vous

connais ni vous ni votre famille; rien ne m'autoriserait à énoncer sur votre compte une opinion défavorable.

— Nous ne faisons pas ici une guerre de mots, j'espère, monsieur. Vous me connaissez autant qu'un homme en puisse connaitre un autre, et sous des rapports qui vous ont paru respectables, puisque vous consentiez à me nommer votre gendre. Il ne faut point chicaner ici, entreprendre de me payer de paroles insignifiantes ou évasives. Votre intention est-elle de manquer à votre foi, ou de tenir la promesse que vous m'avez faite? Il ne s'agit que de oui, ou de non.

— Vous êtes bien pressant, et vous le prenez bien haut! Mon intention n'est point de vous donner ma fille, et en vous la refusant, je ne crois manquer à aucun des engagemens qui enchaînent invinciblement un homme d'honneur, et un gentilhomme français plus que personne. Je ne vous ai point positivement promis ma fille. L'homme qui pesait sur le monde, celui qui, sans retenue et sans crainte, élevait des trônes nouveaux et renversait de vieilles et vénérables dynasties; qui, dans le palais des Césars, allait voler une fille royale pour la placer en bigame dans le lit de son épouse, a disposé de ma fille comme il disposait de tout. J'ai cédé comme tout le monde cédait, car il est insensé de résister à la force. Mais quand le tyran est devenu faible, quand le tigre est enchaîné, il serait bien plus fou encore de continuer à se courber sous le joug qu'il imposait. Ses rois auxquels on avait juré fidélité, on les chasse; on réédifie les trônes qu'il avait brisés; son sénat le déclare déchu de toute autorité; il annule tous les sermens qui lui avaient été faits. Et vous venez me rappeler comme une obligation d'honneur un acte de soumission passive et dépouillée de tout caractère de liberté! En vérité, colonel, ce serait me croire plus dupe que je ne le suis et surtout que je ne le veux être.

— La politique, qui n'est ni l'honneur, ni la morale, a pu décider des personnes publiques, des rois, des princes, à des actes extraordinaires;

et qui ne s'apprécient pas par les règles communes ; mais on doit plus de foi, à ce qu'il me semble du moins, aux engagemens privés.

— S'il le fallait rigoureusement, si je n'étais pas assez autorisé par mon immuable volonté et mon for intérieur, je vous prie de croire que la lutte ne me paraîtrait pas encore redoutable sur ce terrain, et que la victoire ne m'y paraîtrait pas moins certaine que sur l'autre. Monsieur le baron, vous n'êtes plus en état de devenir le mari de ma fille, car il n'a jamais été parlé de dot entre nous, vous ne savez pas si ma fortune me permet de lui en donner une, et vous n'avez pas de quoi la faire vivre honorablement. Votre do-

## CHAPITRE IV.

tation est perdue, vos pensions ne vous seront plus payées ; et il est probable même que vous ne devez plus compter sur les émolumens de votre grade. »

Ces cruelles paroles jetèrent dans l'âme du malheureux jeune homme une lumière qui n'y avait pas encore pénétré; elles le remplirent d'un étonnement de lui-même et de sa destinée, qu'un sentiment de honte qui s'y mêla soudain rendit plus poignant encore.

Il baissa les yeux, et ne put rien trouver à répondre.

Un incident vint le tirer de la position embarrassante où il se trouvait.

Un domestique parut, et ouvrant avec fracas les deux battans de la porte du salon, il cria d'un ton plein d'emphase : « Monsieur le marquis et madame la marquise de Champdeniers ! monsieur le duc et madame la duchesse de Bretignolles ! »

Les personnes ainsi annoncées parurent; et le pauvre Jacquot profita de l'occasion pour s'esquiver, après avoir salué l'orgueilleux d'Ar\*\*\*, qui n'eut pas l'air de s'en apercevoir.

## V.

### Caprices de fortune.

Tout était consommé : Napoléon avait dit adieu à ses aigles, et Louis XVIII occupait le trône. Le mot empire était effacé du vocabulaire administratif de la France. Une ère nouvelle commença. Ce qu'on avait prédit au baron Saint-Jacques n'avait pas manqué : sa dotation était perdue, et il était mis à la demi-solde ; encore ne lui reconnut-on que le grade de colonel.

Cent cinquante pairs avaient été créés ; le marquis de Champdeniers fut du nombre, par la protection de son ami le duc de Bretignolles ; et Alfred, qui prit le nom de Saint-Estenange, fut promu au grade de capitaine dans une compagnie de mousquetaires, avec rang de colonel de la ligne. M. d'Ar\*\*\* reçut un brevet de lieutenant-général, et le commandement d'une division militaire.

## CHAPITRE V.

Un jour que le pauvre baron de Saint-Jacques, enveloppé dans une longue lévite bleue, le col entouré d'une cravate de soie noire, qui ne laissait point apercevoir de linge, et la tête couverte jusqu'aux yeux d'un chapeau rond à large bord, costume ordinaire des officiers à demi-solde ; un jour, dis-je, qu'ainsi vêtu, il traversait la place du Carrousel en cabriolet de louage, il entendit, sans y donner grande attention, car ses pensées l'absorbaient, il entendit son automédon crier gare de toutes ses forces et à plusieurs reprises. Cela s'adressait à un petit homme sec, entre cinquante et soixante, coiffé à l'oiseau-royal, portant sur un habit bleu bourgeois une paire d'épaulettes de maréchal-de-camp, cravate blanche à nœud étalé, grand jabot de mousseline, gilet de basin croisé, avec une garniture d'effilé, longue chaîne de montre en or à la dernière mode, sur une culotte courte de drap de soie noir, et des bottines comme celles que l'on commençait déjà à porter sous le pantalon, par-dessus des bas de soie barriolés. Ajoutez à cela une épée d'acier en verrou, un tricorne antique garni d'une ganse à torsades, d'un plumet noir, et de deux énormes croquignolles ; et vous avez l'imagination d'Henri Monnier, ou celle du malin Granville, si vous parvenez, à l'aide de tous ces élémens, à vous représenter

## CHAPITRE V.

un personnage aussi morgué, aussi ridicule, aussi profondément déterminé à insulter au bon goût et à l'élégance française, que l'était celui-là.

C'était le vicomte de La Merlatière qui allait faire sa cour au château.

Au lieu de faire un pas en avant, ou un saut en arrière pour livrer passage au cabriolet lancé, le vicomte se retourne sur place, frappe d'un revers de sa canne le malheureux cheval qui n'en pouvait mais; et s'adressant au cocher : — Coquin, lui crie-t-il, *gare!* à un homme comme moi!

Nous avons dit que le cabriolet était

lancé. Le cocher n'a que le temps de tirer violemment sa guide de droite pour ne point passer en plein sur le corps de l'irascible voltigeur, comme on nommait alors les gens de cette espèce. Mais, en toutes choses, la destinée du malencontreux vicomte est inévitable : le moyeu gauche le prend en flanc, lui fait faire un demi tour sur lui-même et l'envoie sur le dos au beau milieu d'une flaque d'eau boueuse, comme il y en avait alors beaucoup sur la place du Carrousel, à cause de l'artillerie et des pesans caissons qui la sillonnaient fréquemment. Le chapeau alla d'un côté, la canne de l'autre; et quand quelques passans charitables vinrent prêter leur assistance à l'homme

## CHAPITRE V.

pour l'aider à se remettre sur ses pieds, son épée se trouva embarrassée entre ses jambes, et ajouta encore au ridicule de sa déplorable situation, en la prolongeant. On ne le lâcha pas qu'il ne fût tout-à-fait debout, car il serait infailliblement retombé. Il s'aida énergiquement de force coups de talons, et couvrit d'éclaboussures tous ceux qui lui prêtèrent cet utile secours. Il ne s'excusa pas, il ne les remercia pas. Il se mit à écarter les bras et les jambes, pour procurer un écoulement plus rapide à l'eau qui avait pénétré jusqu'à sa peau. Celle dont l'élégant édifice de ses cheveux s'était imprégné prit cours par sa queue qui en devint comme le conduit naturel. Malheureusement ce conduit se trouva dans la direction d'une des poches de l'habit bleu ; et les spectateurs placés de ce coté rirent de bon cœur en voyant ce nouveau modèle de fontaine se dégorger dans ce nouveau modèle de réservoir. Or, par l'effet de l'attraction qui existe entre les corps humides, les pans de l'habit du noble vicomte se trouvèrent rapprochés du fond de sa culotte de drap de soie, et la posture inclinée d'arrière en avant qu'il avait prise, complétant la somme des lois physiques par lesquelles devait s'accomplir le dernier résultat de cette grotesque aventure, queue, poches, habit, culotte, tout aboutit à un même terme; et les bottines évasées du patient de-

## CHAPITRE V.

vinrent le réceptacle où s'abîmèrent dans un concours universel les eaux de ce plaisant cataclisme. Le vicomte ne s'en aperçut que quand il essaya de s'éloigner. L'insolite pesanteur de ses jambes, l'espèce de respiration flasque que produisait le mouvement de ses pieds dans sa chaussure, et l'ondulation battante dont il éprouva en même temps la sensation, appelèrent son attention sur ce nouveau désastre, car c'en était un. Il essaya de retirer ses bottes; il trouva même encore de l'assistance dans ce dessein parmi les spectateurs qui ne pouvaient s'empêcher de rire aux larmes. Tout fut inutile. L'atmosphère qui pesait extérieurement sur les bottes, et l'eau intérieurement sur le noble pied de leur propriétaire, furent des obstacles insurmontables. Un physicien, d'acquit ou d'instinct, qui se trouva là d'aventure, proposa un moyen.

« Il faut, dit-il, que monsieur se laisse mettre la tête en bas et les pieds en l'air, et nous nous en chargeons ; ses chaussures se videront ainsi d'elles-mêmes ; et il lui sera facile de s'en débarrasser. »

La Merlatière le regarda avec indignation, et ne répondit point.

Cependant la police couvrait alors le pavé de Paris de ses nombreux agens; on ne jouissait pas, comme aujourd'hui, de cette plénitude de liberté qui appartient d'un droit si imprescriptible à des hommes et à des citoyens. Aussitôt que la morgue irascible du vieux chouan eut été payée comme elle le méritait, comme il l'avait voulu, un exempt ou officier de paix ( ce n'était pas un sergent de ville, on ne s'était pas encore avisé de ce perfectionnement); un mouchard donc s'élança à la tête du cabriolet où se trouvait Jacquot, et l'empêcha de continuer sa course.

— Tu vas me suivre à la préfecture, cria-t-il au cocher; car les mouchards parlent par *tu* à tout ce qui leur paraît au-dessous d'eux.

Représentations, supplications. « Il n'y a pas de ma faute ; ce monsieur n'a pas voulu se ranger ; je lui ai trois fois crié *gare!* Voilà ma pratique qui en est témoin. — Tu vas me suivre à la préfecture. »

Il n'y avait rien à opposer. La décision signifiée sur la voie publique par un agent de la police est sans appel et sans révision : c'est comme un arrêt de la cour des pairs. Jacquot descendit ; sa course n'était faite qu'à moitié ; il la paya tout entière, et donna même quelque chose de plus au malheureux cocher pour le consoler de sa disgrâce. C'était à ce moment même que La Merlatière se résignait à garder ses bottes, ou plutôt ses outres, telles qu'elles étaient. Il s'avança, écarquillé et traînant les jambes, contrariété qui contribuait à augmenter sa rage. Il ne reconnut pas Jacquot, et, le prenant pour le cocher : « Misérable ! » lui cria-t-il ; et il leva sa canne. Le baron, lui rabattant la main avec ce calme qui convient à la raison et à la force, et s'écartant un peu de lui pour éviter les flaquées d'eau qui s'échappaient de ses bottes : « Doucement ! Monsieur, lui dit-il ; vous vous méprenez sans doute : ces démonstrations-là ne sont pas de mise avec moi. »

Le vicomte le reconnut. « Ah, ah ! s'écria-t-il, c'est vous !... je ne m'étonne pas... Vous aurez de mes nouvelles. » Il s'éloigna alors, de ce train ridicule qu'on peut se figurer. La foule jusque-là ne lui avait pas été hostile; mais quand elle lui vit prendre un ton de menace envers un homme en qui il était aisé de reconnaître un de ces défenseurs du pays si mal payés maintenant de leur courage et de leurs services, elle changea de sentiment; le vicomte fut publiquement hué, et il dut se trouver heureux d'en être quitte pour cela.

A quelques jours de là Jacquot reçut de l'état-major l'ordre de quitter Paris sous quarante-huit heures. On voit que rien ne manquait à sa ruine.

## CHAPITRE V.

Il prit son parti : il songea qu'il y avait dans le monde de plus grandes infortunes que les siennes. Le jeune comte M***, qui n'avait rien perdu, attendu que son père était du petit nombre de ces braves maréchaux de l'empire qui ne s'étaient pas opiniâtrés dans leur reconnaissance pour l'empereur, le jeune comte M*** offrit son crédit à Jacquot. Celui-ci l'en remercia. « Le peu qui me reste me suffit, répondit-il, si je me considère seul. Vous n'ignorez pa dans quelles vues j'avais désiré de l'avancement ; ce but est manqué et ne peut plus être atteint. J'étais hier au parterre de l'Opéra. Vous savez que j'y vais quelquefois, puisque ce n'est plus que là que je puis jouir encore du plaisir insensé de voir Athanasie. Elle était dans la loge du roi avec sa mère et deux autres personnes qui sont venues chez le marquis d'Ar*** la dernière fois que je me suis présenté dans cette maison. Ce sont des gens de haute volée : un duc et une duchesse. Alfred n'a pas tardé à venir les rejoindre. Il était dans la petite tenue de mousquetaire. Mon voisin, qui s'est dit employé de leur mairie, les a reconnus et très-exactement nommés ; et j'ai su par lui que sous un mois ils devaient se marier : les déclarations sont faites.

— Si vous avez pris votre parti à cet égard, pourquoi renonceriez-vous à des avantages personnels que vous pouvez encore obtenir ou conserver?

— Je ne veux rien.

— Vous n'êtes pas raisonnable.

— Je ne veux rien, vous dis-je. J'apprécie comme je le dois votre obligeance et votre constante amitié; mais ma résolution est invariable. Je pars demain; je viens vous faire mes adieux.

— Où allez-vous?

— Je ne sais. Je vais à Poitiers d'abord, puis peut-être à l'Orberie. Si les souvenirs dont ces lieux sont remplis pour moi ne me deviennent pas intolérables, j'en ferai ma vie et mes plaisirs. Il est possible qu'ils me tuent... Je leur devrais là un grand service.

— Vous êtes malade. Au risque de vous déplaire, vos amis ne doivent pas se prêter à vos fantaisies. Je m'occuperai de vos intérêts, quoique vous rejetiez mes offres. Je vous relancerai à Poitiers, à l'Orberie, partout où je penserai que mon amitié pourra vous être utile. Je ne souffrirai pas que vous périssiez à la fleur de votre âge, d'une passion sans objet, ennemie de votre gloire et de votre fortune.

## CHAPITRE V.

Un domestique vint annoncer à l'oreille du comte une double visite : « M. le colonel Remi, dit-il, et M. le capitaine Guesdon demandent s'ils peuvent parler à M. le comte? — Oui, oui; faites-les entrer. »

Ces deux Messieurs parurent.

Les affaires du moment servirent de texte à une conversation animée, après les premières paroles d'introduction. Le capitaine éprouvait un mécontentement qu'il ne pouvait cacher. « Une charte octroyée! disait-il; octroyée à un peuple qui a fait la constitution de 91! et une religion de l'État à côté du principe reconnu de la liberté des cultes!

Qu'est-ce que l'État? et quelle religion peut-il avoir? C'est une fiction gothique qui ne peut intéresser que le pape. Avec cela, les prêtres vont se mêler de nos affaires, vont y être mêlés; et vous verrez ce qui arrivera! Heureusement Louis XVIII est sage et assez libéral. Eh bien! dans le parti ils le nomment jacobin.

— Mon ami, dit le colonel Remi en se frottant les mains, tout ce qui vous afflige m'enchante, moi. Une religion de l'État, une aristocratie comme celle qu'on vient de nous faire, le droit divin, et l'article XIV, que peut-être vous n'avez pas compris : tout cela nous pousse tout doucement vers la sainte

## CHAPITRE V.

république, la république comme je l'aime, pure et simple, qu'on ne peut pas tuer en tuant un homme. Pour combien de siècles n'eût-elle pas été reculée, si Louis XVIII eût consenti à tenir son droit de la nation! s'il eût accordé des droits politiques à tout ce qui supporte des charges de citoyen!...

— Quoi! même aux prolétaires! interrompit le jeune comte.

— Oui, monsieur, oui, aux prolétaires. Mais il ne faut pas en parler avec mépris; il y a des gens très-capables parmi les prolétaires.

— Un prolétaire capable, mon cher

colonel, est un être extrêmement dangereux.

— Comment l'entendez-vous, s'il vous plaît?

— Mais j'entends qu'un homme qui n'a rien, et que ses talens pourraient porter au corps-législatif, par exemple...

— Ferait des lois favorables à ceux qui lui ressembleraient, n'est-ce pas? Eh! mais sans doute ; l'immense majorité de la nation se compose de ces êtres-là, et malheur aux autres quand on verra bien évidemment de quel côté sont les dupes, et de quel côté les fripons ! Et ce flambeau-là s'allume, et il répandra, un jour... bientôt, je l'espère, une vaste lumière qui produira peut-être un incendie aussi grand qu'elle. Savez-vous comment? c'est que ces prolétaires éloquens, ces gens capables qui n'ont rien, et que vous détroussez même de leurs droits comme au coin d'un bois, ces gens-là ne feront pas de lois avec vous; mais ils prouveront aux leurs que vous les faites sans conscience, sans patriotisme et sans humanité; ils feront des journaux avec lesquels ils vous tueront. Ah! si la charte de Louis XVIII était populaire, elle renouvellerait, pour la race de Bourbon, un bail de huit cents ans avec la France! Mais il doit de la reconnaissance à ceux qui l'ont amené là; mais il ne peut pas sacrifier les intérêts de ses bons serviteurs à ceux de tout un peuple; mais, mais, mais, mais!... Et tant mieux! car ni sa charte ni lui ne tiendront, et pour mon compte c'est ce que je demande.

On ne dira pas en lisant ceci en 1832, que c'est prévoir l'événement quand il est accompli; car l'événement ne s'accomplit pas : Louis XVIII est mort sur le trône.

De cette conversation on passa à une autre. La guerre, les batailles eurent leur tour, et entre militaires c'était naturel. Chacun parla de ses exploits, et se fit honneur de ses blessures. Le jeune comte voulut voir celle que Jacquot avait reçue à Lutzen en venant à son secours. Il en pouvait montrer assez d'autres pour ne pas croire sa modestie intéressée à cacher celle-là : il découvrit sa poitrine. Mais tandis que l'attention de M*** et du colonel Remi était fixée sur cette cicatrice, celle du capitaine Guesdon parut s'attacher à un autre objet.

— Qu'est-ce que cela? demanda-t-il au jeune homme en indiquant les besans qu'il lui voyait gravés sous le sein gauche.

— C'est une marque que je porte

depuis ma plus tendre enfance. Je n'ai aucun souvenir du temps où elle me fut faite, ni de l'occasion qui y donna lieu.

— Entre, entre, Javotte, dit le comte M*** à une vieille femme qui entrebâillait en ce moment la porte, prête également à s'avancer ou à rétrograder, selon la circonstance; ta pudeur n'a rien à craindre de ce qui se passe. Il ne s'agit que de choses fort honnêtes, de belles et glorieuses cicatrices...

— Mon général, répondit la vieille, ce n'est pas par pudeur, c'est histoire de ne pas être importune. Je sais ce que c'est que des braves qui sont entre eux. Ah, ah! ajouta-t-elle, le général Saint-Jacques! vous parlez de cicatrices glorieuses... certainement, sans faire tort à qui que ce soit, il en peut faire voir.

— Vous ne connaissez point vos parens? continua le capitaine Guesdon, que l'arrivée de la vivandière ( car on devine que c'était elle ) n'avait point détourné de l'investigation à laquelle il paraissait mettre tant d'intérêt.

— Non, répondit Jacquot; selon toutes les apparences, je suis un enfant de troupe, et ces marques sont de celles que les soldats se plaisent à faire sur eux-mêmes.

— Tiens! ces marques, dit Javotte qui s'était approchée, c'est singulier... j'en ai vu de pareilles...

— J'ai été trouvé, continua le colonel à demi-solde, par un pauvre paysan des environs de Fontenay. J'étais, m'a-t-il dit, sur une charrette d'ambulance, enveloppé dans un drapeau de rechange.

— Où ça? demanda vivement Javotte.

— Dans un petit bois que j'ai eu la

curiosité de voir depuis, entre Chantonnay et la Châtaigneraie.

— Là! s'écria la vivandière en frappant des mains, étonnez-vous si je l'aimais tant sans le connaître! Eh! mon bon général, vous êtes mon enfant.

— Moi! vous êtes ma mère?

— Oh! votre mère, non; je ne suis pas si heureuse que ça; mais je vous avais adopté. Vous m'aviez plu, tout pauvre malheureux enfant que vous étiez : semblait que j'avais comme une idée que vous deviez devenir un jour quèque chose. Et vous avoir perdu! J'ai toujours eu du guignon, nom d'un chien! C'est égal, je suis tout de même contente de vous voir une fois avant de mourir; car je sens que je mourrai bientôt de misère et de chagrin.

— Console-toi, pauvre vieille, lui dit Jacquot en lui tendant la main, celui que tu avais adopté par un mouvement de ton bon cœur, ne te fermera pas le sien. Je suis seul, ma pauvre Javotte ; viens avec moi : tant que j'aurai un morceau de pain à rompre en deux, tu ne mourras pas de faim.

— Un moment, un moment! s'écria le capitaine Guesdon. C'est qu'il s'agit de bien autre chose. Où dis-tu que tu l'avais trouvé ?

— Pardieu ! du côté d'un village de bois, dans ce pays de loups de la Vendée.

— Mais le nom de ce village ?

— Du diable qui s'en souviendrait! Saint... Saint... Saint-André de..... chose.... Mon Dieu ! aidez-moi donc...

— Saint-André-de Goule-d'Oye ?

— C'est ça, mon fils : Goule-d'Oye. Faut-il avoir tué père et mère pour donner un nom si amphibologique à un pays de chrétiens ?

— Suivez-moi, dit le capitaine Guesdon à Jacquot; je vais vous rendre à une famille qui pleure depuis long-temps votre perte, et qui va être bien heureuse de vous revoir ! Viens aussi, bonne vieille, dit-il à Javotte, et tu auras sans doute quelque chose de mieux que le morceau de pain qu'il te promettait.

— Allez, allez, mon ami, dit aussi M\*\*\*, en se joignant à Charles; et s'il vous arrive quelque chose d'heureux, hâtez-vous de me le faire savoir : personne n'y prendra plus de part que moi.

## VI.

### Difficultés.

« Pauvre dame ! voyez comme elle est pâle ! Elle se trouve mal ; jetez-lui un peu d'eau à la figure, mettez-lui du vinaigre sous le nez, délacez-la : elle étouffe.

— Laissez, laissez-la revenir doucement à elle. C'est la joie, c'est l'excès du bonheur : cela ne peut avoir rien de fâcheux. »

Ces propos se tenaient dans la chambre de madame de Bretignolles ; et ceux qui parlaient ainsi étaient la vivandière d'abord, et le duc ensuite. Charles Guesdon avait conduit Jacquot chez sa sœur, et, malgré toutes les précautions auxquelles on eut recours pour lui annoncer que son fils, si long-temps pleuré, vivait encore, qu'il était digne d'elle et de sa tendresse, qu'elle allait le voir, quand il parut, elle ne put résister à l'émotion qui suspendit le cours de son sang dans ses veines et dans ses artères ; et elle tomba sur un fauteuil privée de sentiment. Comme son mari l'avait fort bien prévu, elle ne tarda pas à revenir à elle. Son fils était à genoux, lui tenant les mains, les réchauffant de ses baisers, et versant des larmes d'attendrissement et d'inquiétude. En rouvrant les yeux, elle le vit dans cette attitude pieuse et filiale. Les sanglots dont elle était encore oppressée empêchèrent ses paroles de se faire passage ; mais l'action suppléa aux discours et ne fut pas moins éloquente. Elle porta ses deux mains sur la figure du jeune homme, les appuya sur ses deux épaules et le contempla un moment avec amour. Alors, l'attirant doucement à elle, elle étreignit cette jeune et belle tête d'homme dans ses bras maternels, et la tint long-temps penchée contre sa poitrine. Le long chagrin qu'elle avait éprouvé, comme le trait resté dans la blessure, n'en avait point été enlevé sans laisser une plaie vive et sensible; elle y appliquait le baume. « Mon fils! mon fils! s'écria-t-elle enfin, mon pauvre Alphonse! » et deux ruisseaux de larmes s'échappèrent de ses yeux. La chevelure du jeune homme en fut inondée. Elle la parcourut de ses mains, l'essuya avec le même mouchoir qui venait d'essuyer ses yeux, et y déposa un baiser. Elle releva et tint de nouveau cette tête si chère dans un léger éloigne-

## CHAPITRE VI.

ment, toujours à portée de ses mains, pour s'enivrer encore une fois du plaisir de la regarder. Un trait subit altéra la joie délirante qui brillait dans ses yeux. « O Dieu ! qu'est-ce que cela ? s'écria-t-elle en lui faisant tourner la tête du côté du jour. Elle venait d'apercevoir la cicatrice qu'il portait au front. Il lui expliqua ce que c'était. « Oh, oh ! ils t'ont frappé ! blessé ! ils ont fait couler ton sang ! ils n'ont pas eu pitié de toi, pauvre enfant ! pauvre petit, si doux, si aimable ! » Elle le revoyait à deux ans.

Il fut de nouveau pressé contre son cœur ; elle baisa cette cicatrice cruelle, en s'écriant encore : « Oh! oh! ». Mais quand son cœur bouleversé fut devenu un peu plus calme et que ses idées eurent repris leur cours naturel, son regard s'anima et devint fier. « Elle est belle, dit-elle, cette cicatrice! ». Et se retournant vers le duc : «Votre fils regardait son ennemi en face, monsieur, quand il a reçu cette blessure.

— Oui, oui, répondit le bon M. de Bretignolles. Et faisant voir son doigt autrefois blessé par sa propre maladresse : « V'là aussi une blessure, dit-il, et gagnée au service du roi. J'ai aussi porté les armes, tel que vous m'voyez; c'est c'qui m'a valu l'brevet d'lieutenant-général, et l'grand cordon d'la Légion-d'Honneur.

## CHAPITRE VI.

— Le général n'a que la croix d'officier, dit Javotte. Ah! si l'autre était resté en place, il aurait pu l'avoir aussi, avec le temps, le grand cordon... et il l'aurait gagné.

— De quel autre parlez-vous, ma bonne ? Est-ce du Corse, par hasard ? Il est bien où il est ; qu'il y reste ; qu'il n'en soit pas question ici, s'il vous plaît.

Javotte jeta sur le duc un coup-d'œil militaire qui l'interdit un peu, et Jacquot attacha ses regards sur le parquet.

La duchesse le fit lever, se leva aussi,

et s'appuya sur son bras avec abandon. Elle l'entraîna, marchant lentement sur les tapis moelleux dans le salon de compagnie. Elle lui disait, de cette voix intime dont l'accent est si pénétrant, quelques mots insignifians, sans suite et sans liaison, mais auxquels il était obligé de répondre. Alors elle marchait toujours, mais légèrement et en prêtant l'oreille avec délices; puis en passant devant les grandes glaces, elle y donnait un coup-d'œil, pour voir comment elle était au bras de ce beau garçon, qui avait quatre pouces de plus qu'elle, et qui était son fils, son Alphonse!

M. de Bretignolles la suivait en souriant, et il disait aux autres : Elle est mère ; i faut lui passer quèqu'chose.

La duchesse se sépara brusquement de son fils, et le laissant isolé au milieu du salon, sur la rosace du tapis, sous le grand lustre du plafond, elle vint se placer entre son mari et son frère.

Que nous sommes heureux ! leur dit-elle ; quelle obligation nous avons à ces excellens villageois qui en ont pris un si bon soin ! Oh ! que ne vivent-ils ! Que je me plairais à les récompenser ! C'est grâce à eux qu'il est ce que nous le voyons. Mon Dieu ! ( Et elle courut lui reprendre le bras. ) Quand je songe qu'il pouvait être abandonné! que nous pourrions le voir aujourd'hui vulgaire par ses manières, dégradé par ses mœurs, vil et odieux par ses sentimens!

— Madame, madame! s'écria son mari, je n'prétends pas affaiblir nos obligations envers cés bonnes gens, sans doute ; d'autant qu'not'compte est facile à réglé avec eux, puisqu'i n'sont pus de c'monde......

Madame de Bretignolles baisa les yeux de son fils et y passa son mouchoir. Elle tendit la main à Javotte, et lui dit : « Je n'oublierai pas que vous aussi vous avez fait quelque chose pour lui.

## CHAPITRE VI.

Le duc continua :

— Mais i n'faut pà oublier, madame, que vot' fils est d'sang noble, et qu'dans aucune condition un sang noble ne s'dégrade. C'dont vous devez vous féliciter, c'est d'l'heureuse idée d'lui avoir fait c'te marque. Sans ça, j'conviens qu'i n'y avait sang noble qui pût nous l'faire distinguer.

— Ah ! s'écria la tendre mère en serrant la main de son fils, je n'aurais eu besoin que de le voir : mon cœur, je crois, m'eût tout révélé.

— Ah ça, dit le duc, il est nécessaire que l'roi sache ça. I n'est pas heure de nous amuser aux bagatelles. Y a presse partout : n'négligeons pas l'zintérêts de c' gentilhomme-là. Vous avé été nommé général dans lés dernières affaires? demanda-t-il à Jacquot.

— Oui, quelques jours après la bataille de Montmirail. Il n'y a pas eu précisément nomination : mais j'ai commandé.

— C'est ben assez, à c'qui m'sembe. Au reste, il est inutile de dire qu'la nomination n'a pas été officielle. Lés ministres s'arment de tout pour vous r'fuser justice. On accroche tout c'qu'on peut, et par tous

## CHAPITRE VI.

lés moyens possib'es : v'là la grande maxime. Sans ça on n'aurait rien : c'est r'çu.

Le duc partit pour les Tuileries ; la duchesse retint Jacquot. Il passa avec elle dans son cabinet, où il se hâta d'écrire à son ami le comte M\*\*\*. On fit porter la lettre par un domestique. Le capitaine Guesdon, que ses opinions politiques et un peu de liberté qu'il avait prise dans la vente du Bard, faisaient voir assez froidement dans la famille Bretignolles, salua et sortit. Sa sœur cependant l'engagea à revenir dîner. Pour ce qui le concernait, elle était entièrement réconciliée avec lui.

Javotte se retira dans les cuisines.

Resté seul avec sa mère, ce ne fut pas de politique, ce ne fut pas de projets ambitieux que le jeune baron de l'empire s'occupa. Encouragé par les bontés de la duchesse, il fit ses confidences, parla de son amour pour mademoiselle d'Ar***, et des alternatives de bonheur et de désespoir par lesquelles il l'avait fait passer jusquelà. On conçoit que la tendre mère fut compatissante : elle prévit cependant bien des obstacles.

Au moment le plus animé de l'entretien, on entendit frapper doucement à la porte du cabinet.

— Qui est là? demanda madame de Bretignolles.

## CHAPITRE VI.

— C'est moi, madame la marquise... c'est-à-dire, madame la duchesse.

Et la clé tourna dans la serrure, et un petit homme d'une cinquantaine d'années parut. Il n'avança pas, il se tint dans l'huisserie de la porte, comme dans un cadre. Et en effet, il était à peindre. Vêtu d'une blouse de toile bleue fort ouvragée au tour-de-gorge et aux poignets, et ceinte au-dessus des hanches par une pièce de plusieurs mouchoirs rouges, il portait sur la poitrine un Sacré-Cœur, la croix de légionnaire du plus grand modèle, et à son chapeau rond, qu'il tenait en avant sous le bras gauche, une cocarde blanche large comme la pleine lune. Il ne donna aucune marque de civilité ni même d'embarras. Il attacha un regard étonné et rempli d'intérêt sur Jacquot, et le désignant de l'index de la main droite,

— Hein? hein? demanda-t-il, le voilà donc? c'est donc lui, il est donc bien vrai que vous l'avez retrouvé?

— Oui, oui, mon bon Rabillé, lui répondit la duchesse, c'est lui, mon fils, mon Alphonse. Mais entrez et fermez la porte. Alors, se tournant vers son fils : « C'est, ajouta-t-elle, un brave paysan poitevin qui a rendu dans le temps des services... qui a fait de grandes pertes et auquel nous

## CHAPITRE VI. 143

avons eu le bonheur de faire obtenir une petite pension, et...

— Et la croix d'honneur, ajouta Jacquot.

Il ôta la sienne et la mit dans sa poche. Jamais, depuis, elle n'a reparu à sa boutonnière.

Rabillé, car c'était en effet lui, s'avança, et prenant familièrement la main au fils de la duchesse :

— Je suis bien aise de vous voir, lui dit-il; on vous a bien pleuré. J'ai perdu un enfant aussi, moi : vous aviez sucé le même lait que lui. Et j'ai aussi perdu la mère. Et je ne les reverrai jamais... hors quand il plaira au bon Dieu que j'aille les rejoindre. En attendant, soit-il béni! puisque vous voilà beau, grand, fort, bien portant... et surtout honnête homme.

Il y avait de la mélancolie et de la bonté dans ces paroles. Jacquot en fut touché, et, par un sentiment digne du cœur que nous lui connaissons, il pressa fortement la main de Rabillé, et lui dit :

— Je serais désespéré, mon pauvre bonhomme, d'être pour quelque chose dans les pertes que tu déplores ; mais sois sûr que je ne négligerai rien de ce qui dépendra de moi pour contribuer à t'en rendre le souvenir moins amer.

Le duc reparut, il revenait du château.

— Vite, vite, Alphonse! cria-t-il en entrant; préparez-vous, l'roi veut vous voir.

— Et quels préparatifs, monsieur, voulez-vous que je fasse?

— Allez-vous mett'e en t'nue, en grande tenue. On vous attèle un ch'val au cabriolet; ça va pus vite qu'eune voiture. Courez, n'perdez pas un instant.

Jacquot allait obéir.

— Surtout, mettez-vous en général, et non pâ en simp' colonel.

— Mais je n'ai pas d'habit de général.

—Vous v'là ben embarrassé! Est-ce qu'on manque de quèqu'chose à Paris? Passez rue Vivienne, chez Durand : c'est vot' chemin. Vous trouveriez là à vous costumé en maréchal de France depuis lés pieds jusqu'à la tête. Ce s'ra une espèce de prise de possession, voyez-vous; j'en ai parlé au duc de la Châtre : c'est lui qu'est de service, et quand i vous annoncera à sa majesté,

## CHAPITRE VI. 147

i dira : général Alphonse de Bretignolles. Allez, allez et v'nez me r'prend'e ici.

Jacquot sortit.

La duchesse profita de son absence pour faire part au duc des sentimens du jeune homme pour Athanasie. Il objecta mille difficultés. « Que pouvait-il à cela ? Est-ce qu'il n'y avait pas d'autres héritières ? Le roi, qui ne se souciait pas beaucoup de procurer de l'avancement à l'ancienne noblesse, ne demanderait pas mieux que d'aider à ce mariage, qui lui servirait de prétexte pour arrêter là ses témoignages d'intérêt. Il fallait avant tout obtenir la confirmation de son grade, puis la croix de Saint-Louis, puis quelque bon emploi à la cour ou à l'armée, à l'une et à l'autre; puis quelques sommes à titre d'indemnité, quelques gratifications, quelques pensions, etc., etc., etc. »

Tandis que le digne courtisan déclamait contre la jeunesse qui sacrifie tout à de ridicules sentimens, et qu'il démontrait par les raisonnemens les plus forts qu'il n'y a de solide dans le monde que la faveur et son produit brut, une scène d'un tout autre intérêt se passait dans ses cuisines.

« Ce que vous dites-là est-il bien possible! s'écriait Monsieur le chef, en

## CHAPITRE VI.

promenant un œil satisfait sur ses marmitons, et sur deux ou trois domestiques qui se chauffaient le dos tourné au feu de la grande cheminée.

— Par Dieu! disait Javotte, en mangeant sur le bout de la grande table une tranche de bœuf que ce souverain des bas lieux venait de lui faire servir, c'est une histoire où je suis fourrée depuis plus de ving ans. Je connais tout ça, mon brave homme, à sou, maille et deniers. Ils avaient laissé tomber le pauvre innocent en se sauvant ; et moi, en passant derrière eux, je l'ai ramassé : c'était un amour; je m'en souviens comme si c'était hier. Ah ça! est-ce qu'on ne boit pas un coup en mangeant, dans votre baraque de bois?

— Hai ! l'Etombi ! verse un verre de Bourgogne à cette brave femme. Non, pas de celui-là, bestiau, du mien.

— Ah, lapin ! le tien est du meilleur, n'est-ce pas ?

— Avale-moi ça, la vieille, et continue.

— Or donc, mon fils, je ramasse cet enfant, trempé, mouillé, fait comme quatre sous. Vous n'en auriez pas donné deux liards pour ce qui est de l'extraction. Mais en le changeant, j'ai aperçu qu'il avait comme un dessin d'imprimé sur sa pauvre petite peau. Hum ! me suis-je dit, il y a quelque histoire là-dessous.

## CHAPITRE VI.

— Et que représentait-il, ce dessin?

— Mon homme, ils ont nommé ça là-haut des pezons d'or.

— Des pezons d'or!

— Oui.

— Quelle forme ça a-t-il?

— C'est comme qui dirait trois ronds de la grandeur d'une pièce de trente sous, posés l'un sur l'autre comme trois tonneaux en chantier.

— Et ces ronds sont en or?

— Du tout; et c'est ce qui m'a semblé drôle : ils sont rouges, rouges comme du sang.

— Parbleu! voilà qui est bien extraordinaire.

— C'est ce que je me suis dit aussi. Hai, petit! encore une tournée du Bourgogne du paroissien. A la vôtre, mes enfans!

— Quand je dis extraordinaire, ce n'est pas comme vous pouvez l'entendre. C'est qu'il y a ici un homme qui porte aussi sur la poitrine ces trois pezons d'or rouges. N'est-ce pas? Vous l'avez vu, vous autres? C'est Chantonnay le frotteur.

— Oui, oui, répondirent les domestiques, il a les trois ronds sur la poitrine; c'est un fait.

— Eh bien! dit Javotte, en fermant son couteau, et en s'essuyant la bouche avec le dos de la main, c'est peut-être aussi un enfant perdu; mais ce qu'il y a de sûr, c'est que ce n'est pas moi qui l'ai trouvé.

Comme elle achevait sa phrase, l'homme en question entra dans la cuisine. Il était petit, noir, et offrait dans les traits de sa figure, surtout dans son regard craintif, inquiet et farouche, l'expression d'une profonde dégradation morale.

— Viens çà, Chantonnay, lui dit Monsieur le chef.

Il s'avança en décrivant une ligne courbe, présentant tantôt une épaule, tantôt l'autre, mais jamais son corps en face.

— Tenez, regardez ; est-ce ça ? demanda le chef en lui découvrant la poitrine et en la présentant à Javotte.

— Jour de Dieu ! s'écria-t-elle, c'est ça comme deux gouttes d'eau : ces gens-là auraient-ils eu deux enfans, par hasard ?

— Qu'est-ce que c'est donc ? demanda Chantonnay.

— Ce n'est rien, dit Monsieur le chef d'un ton discret. Et le coup-d'œil

## CHAPITRE VI.

qu'il jeta sur les autres sembla leur dire en même-temps : Voilà une affaire où nos maîtres sont peut-être compromis : nous ne devons pas nous en mêler.

Cependant Jacquot revint en habit de général, et son père l'emmena à l'audience du Roi.

Louis XVIII fut enchanté du jeune homme ; il lui promit de l'avancer. Alfred de Champdeniers se trouvait par hasard de service au château ; il le fit appeler, et lui ordonna de se désister de ses prétentions sur mademoiselle d'Ar***.

## VII.

### Nouveau Noeud gordien.

Le duc revint seul à l'hôtel ; en sortant de l'audience royale, il était allé informer les d'Ar*** des volontés du maître, et il avait laissé son fils à

## CHAPITRE VII.

dîner avec eux. Il trouva sa femme dans une extrême agitation. Un domestique avait cru devoir lui donner avis de la scène de la cuisine ; et elle craignait de s'être trompée à l'égard du baron de Saint-Jacques; « car, dit-elle, s'ils sont deux maintenant marqués du même signe, qui nous garantira que l'un soit plutôt notre fils que l'autre ?

Ma foi ! répondit son mari, il y a déjà quèqu'chose de très-parlant quant à celui qu'nous avons vu : c'est qu'c'est un fort joli garçon, qui a tout plein d'mérite, et que l'roi a trouvé charmant.

— Ceci est fort bon pour l'ambition, monsieur ; mais pour la nature, pour le cœur d'une mère !...

— Je n'dis pâ. I faut voir. Où est-i e't'aut'e ?

— Je l'ai envoyé chercher secrètement par Joseph, qui est celui à qui je dois la révélation de ce fait important... désespérant. Il doit le conduire sans affectation à sa chambre ; il m'avertira quand il y sera ; et alors j'irai m'assurer...

— J'vous accompagnerai ; nous verrons ça.

Joseph entra.

— Madame la duchesse, dit-il, il est là-haut.

## CHAPITRE VII.

— Bon ; nous y montons. Attendez-nous ici, Joseph. Vous êtes un serviteur fidèle et un honnête garçon : nous ne l'oublierons pas.

— Nous n'l'oublierons pas, vous pouvé y compter... Mais d'la discrétion ! vot'e langue doit êt'e verrouillée et cadenassée comme le coffre-fort d'un banquier d'la Chaussée-d'Antin.

— Monsieur le duc peut être assuré...

— Venez, venez, monsieur.

— J'vous suis, madame.

On monta à la chambre de Joseph ; on y trouva Chantonnay.

— Dieu! qu'il est laid! s'écria M. de Bretignolles en se penchant à l'oreille de sa femme.

— Ah! monsieur, monsieur! lui dit celle-ci du même ton, après avoir fixé quelques momens sur le jeune étranger un regard curieux et investigateur, le ciel me pardonne! je crois qu'il vous ressemble.

— Ben obligé! je n's'rais pas mal.

Cependant Chantonnay, que Joseph n'avait pas prévenu de la visite, se tenait dans un coin de la chambre, ournant entre ses mains un méchant bonnet de police, et fort embarrassé de sa contenance.

## CHAPITRE VII.

— Mon ami, lui dit le duc, on nous assure que tu portes sous l'sein gauche un signe curieux. Voudrais-tu nous l'faire voir ?

— Ma foi ! monsieur c'n'est pas très-curieux, j'vous assure. J'en ai vu d'bien plus jolis que d'més amis avaient su lés bras, su lés jambes... et par tout l'corps. Dés cœurs avec dés flèches au travers ; dés serpens et aut' zanimaux parfaitement bien faits, bleus, rouges et même verts. Moi, c'n'est tout simplement que t'ois p'tits ronds...

— Hélas ! dit encore la pauvre duchesse à voix basse, c'est tout le son de votre voix.

— Et qu'est-ce qui t'a fait cés p'tits ronds ? c'est quèqu'un d't'es camarades, n'est-ce pas ?

— J'n'en sais, ma foi d'Dieu rien. J'croirais putôt que j'suis v'nu au monde avec ça : comme on vient avec dés fraises, dés framboises, dés taches de vin et aut'es. Ça dépend d'un r'gard de la mère, ça.

— Et quelle est-elle, votre mère, mon ami ?

— Hai, hai, madame... j'sui un pauv'e malheureux, moi, sans père ni mère... foi d'homme ! c'est moi que j'pourrais dire que j'suis v'nu sou un chou.

## CHAPITRE VII.

— Mais où avez-vous été élevé ?

— Élevé... j'ai pâ été élevé moi. J'ai été jeté là tout jeune, tout enfant, su l'bord d'un fossé. Et une pauv'e femme m'a ramassé, et m'a emm'né avec elle courir le pays.

— Courir le pays ! sainte mère de Dieu ! comme un vagabond !

— Dame ! c'était pas ma faute à moi.

— Et quelle était donc la profession de cette femme ?

— Ah ! sa profession... Alle était pauvresse, a d'mandait son pain.

— Dieu tout-puissant ! Et... savez-vous en quel endroit cette mendiante vous a trouvé?

—Ah dame! non. A m'a trouvé par là bas, dans l'pays d'Vendée.

— Et vit-elle toujours, cette femme?

— Madame?

— On te d'mande si c'te femme est toujous du monde.

— Ah, ah !... Non, a n'est pus du monde.

— Où a-t-elle fini ses jours ?

— Madame ?

— Où est-elle morte ? es-tu sourd ?

# CHAPITRE VII.

— Ah, ah! elle est morte..... à Poit.... dans l'Poitou : par là bas.

— Voyons donc la marque que tu portes.

— Je n'porte pas d'marque... Qu'est-ce qui dit que j'porte la marque? ça n'est pas vrai, ça n'est pas vrai.

— Oh! quel horrible soupçon! oh! monsieur, monsieur! laissons ce malheureux; n'allons pas plus loin.

— Je n'f'rai que c'que vous voudrez. I s'rait pourtant bon d'profiter d'l'occasion pour voir si par hasard on n'se tromp'rait pas.

En s'exprimant ainsi, le duc s'approcha du pauvre Chantonnay, et l'invitant d'un geste impérieux où éclatait une forte expression de dégoût, il lui fit découvrir sa poitrine....

Il ne dit rien; sa femme, qui regarda comme lui, tomba dans un évanouissement plus profond que la première fois.

Il n'y avait eu que trop de confidens de l'autre aventure. M. de Bretignolles prit soin que celle-ci demeurât renfermée entre les quatre murs où elle se passait. Il secourut la duchesse du mieux qu'il put, la délaça, lui envoya du bout de ses doigts de légères gouttes d'eau froide à la figure; et Chantonnay qu'il ne fit pas sortir,

## CHAPITRE VII.

regardait tout cela d'un œil stupide et béant.

La malheureuse madame de Bretignolles rouvrit les yeux, et ses pleurs coulèrent encore, mais cette fois sans délices et sans volupté de mère.

— Eh bien! monsieur, qu'allons-nous faire maintenant? nous voilà tombés dans une incertitude affreuse. Par quelle voie croyez-vous que nous en puissions sortir?

— Nous en allons dire deux mots, madame. — Toi, mon garçon, r'tire-toi. Laisse-nous ton adresse, et attends d'nos nouvelles.

— Quoi! vous voulez qu'il s'en aille! Et s'il ne revenait pas?

— Soyez donc sans inquiétude : i n's'ra pà assez bête pour ça. Donne ton adresse. Où demeures-tu?

— Ah! où j'demeure? Je d'meure pour l'instant chez madame Galuchat, logeuse, rue Grenier-sur-l'Eau, proche le port.

Le duc écrivit cela.

— Va, lui dit-il quand il eut fini, et n'souffle mot de c'qui vient d'se passé entre nous. As-tu d'l'argent?

— I m'reste quinze sous d'mon mois.

— Tiens, voilà cinq francs. Et n't'éloigne pas; qu'on sache toujours où

## CHAPITRE VII.

t'trouver.... si, par hasard, on avait besoin de toi.

— Quoi ! dit la duchesse en se penchant à l'oreille de son mari, une si faible somme !

— Laissez donc ! répondit-il du même ton, j'sais c'que j'fais. J'lui donne déjà beaucoup, dans l'besoin où nous sommes qu'i n'sorte pas dés bornes de la sobriété.

La duchesse baissa la tête.

Chantonnay s'en alla.

Les grands, les patriciens, les personnes qui ont un rang, une fortune, des gens, des parasites, des flatteurs, n'ont point d'à-part, d'intérieur retiré, de liberté de famille. Ils ne s'appartiennent pas. Il y a autour d'eux une clientelle flatteuse qui les obsède sans relâche : il faut qu'ils la reçoivent, qu'ils l'entendent, qu'ils s'agitent, qu'ils s'intriguent, qu'ils complottent sans cesse contre des égaux, des rivaux, des envieux. C'est juste : s'il en était autrement, ces gens-là seraient heureux, et ce n'est pas ce que le ciel a voulu en les faisant hommes.

M. et madame de Bretignolles auraient eu besoin d'être seuls, à eux, de pouvoir se concerter librement dans l'étrange conjoncture où ils se trouvaient. Il leur vint du monde à dîner. Il fallait faire bon visage, vaincre ses préoccupations et son

## CHAPITRE VII.

cœur pour être prévenans, aimables, *bonne compagnie.*

Cependant il se passa à ce dîner quelque chose qui les rejeta fortement dans les pensers d'où ils s'efforçaient de sortir.

— Madame la duchesse, demanda Rabillé, que l'esprit de parti et l'orgueil du patronage avaient fait admettre à ce repas, on dit que vous avez reconnu M. Alphonse à la marque que vous lui aviez mise, dans le temps, au Bard. Est-ce vrai, sauf votre respect ?

— D'où diable sais tu qu'ça avait été fait au Bard, toi, Rabillé ? Tu n'étais pas présent.

— Non, monsieur le marquis.... c'est-à-dire monsieur le duc ; mais ma pauvre défunte y était, et elle m'a tout raconté. Je peux vous avouer une chose à cette heure que ça ne peut plus rien faire.

— Qu'est-ce ? qu'avez-vous à nous avouer, mon bon Rabillé ? demanda la duchesse avec plus d'empressement qu'elle n'en voulait faire paraître.

— Oui, ajouta le duc avec une froide affectation de ricanement, conte-nous ça un peu pour voir.

— C'est que pendant que vous n'y étiez pas, Françoise et moi, nous en avons fait autant à notre pauvre Laurent.

## CHAPITRE VII.

— Qui ça, Laurent?

— Notre enfant, M. le marq... c'est-à-dire M. le duc.

— Comment, malheureux qu'vous êtes! vous avez marqué vot'e enfant comme le mien! Quoi! t'ois besans d'or su la poitrine d'un paysan!

— Nous ne pensions pas mal faire.

— Vous faisiez mal, très-mal. Dites-moi si l'diable est pire. Ah! qu'on est malheureux d'avoir autour de soi!...

— Qu'importe! dit en riant une espèce d'homme de lettres qui promenait dans ce temps-là sa faim d'Erésicthon à toutes ces tables restaurées;

cela était sans conséquence, monseigneur; ce bonhomme renouvelait ainsi l'usage des bons temps de notre antique monarchie, où le serf se marquait au coin de son seigneur. Il était bien certain qu'il n'en pouvait pas résulter de confusion, et que son pauvre enfant ne pouvait jamais être pris pour le vôtre : le gentilhomme pour le paysan, le paysan pour le gentilhomme.

— Merci, m'sieu, répondit le duc d'un ton que sa femme seule comprit bien. Puis, offrant d'un plat qui était devant lui : Voulez-vous, ajouta-t-il, que j'vous envoie un peu de c'turbot?

Ce que venait de dire Rabillé apprit

## CHAPITRE VII.

bien à la pauvre madame de Bretignolles comment il se faisait que deux jeunes gens fussent marqués aujourd'hui du signe récognitif qu'elle avait autrefois imprimé sur le corps de son cher enfant. Mais dans lequel des deux devait-elle reconnaître celui-là ? voilà quelle était la question. On sait aussi ce qui pouvait lui faire craindre de la voir résolue.

On eut des visites dans la soirée, et particulièrement celle de la famille d'Ar\*\*\*, que Jacquot amena. Tout était d'accord selon le désir du roi, et les deux jeunes gens en éprouvaient un ravissement qu'ils ne prenaient pas la peine de dissimuler. La duchesse ne pouvait détacher ses regards de celui qui se disait son fils, auquel elle-même avait donné ce nom il y avait si peu de temps et avec une si délicieuse effusion de cœur : ses regards ne s'assuraient de rien qui la tirât de son incertitude.

A onze heures on annonça un page du roi.

Cela fit sensation.

Le duc passa dans son cabinet avec le jeune messager. Là il reçut un pli scellé des armes royales. Il se hâta de l'ouvrir. Il y trouva deux brevets revêtus de toutes les formalités d'usage.

## CHAPITRE VII.

Le premier élevait le sieur... marquis de Bretignolles (noms de baptême en blanc) au grade de maréchal-de-camp; le second lui conférait le titre d'écuyer-cavalcadour de Madame, duchesse d'Angoulême. Il y avait en outre un bon de dix mille francs sur la caisse militaire du roi.

M. de Bretignolles éclaira le page jusque sous le vestibule, et, étant rentré, fit aussitôt appeler la duchesse.

— Vous voyez, lui dit-il, que les bontés du roi n'se sont pas fait attendre. V'là vot'e fils le pié à l'étrier; maintenant, c'est à lui seul qu'i tient de s'lancer.

— Mais qui mon fils ? qui est mon fils ?

— Parbleu ! l'roi n'en a vu qu'un ; i n'prétend parler que d'celui-là.

— Et si nous venions à découvrir, monsieur, que celui-là ne nous appartient pas ; qu'il n'est que l'enfant de Rabillé ?

— C'grand et beau jeune homme, si brave, qui a de si bonnes façons, l'enfant d'Rabillé ! allons donc ! c'est l'nôt'e, Madame, c'est l'nôt'e. Celui de Rabillé est l'animal stupide que nous avons vu tantôt, et qui, Dieu m'pardonne ! est, j'crois, marqué par-derrière comme par-devant.

## CHAPITRE VII.

— Ah! monsieur, pouvez-vous plaisanter sur un tel sujet! rien n'est éclairci, rien n'est démontré. Je suis mère; je ne me déciderai pas sur des apparences....

— Et moi, et moi, madame, est-ce que je n'suis pas père, à vot'e avis? j'entends, père de famille, songeant à la durée, à l'honneur de mon nom.

— Tout ce que vous voudrez, monsieur; mais je veux prendre des informations. Depuis ce que nous a dit Rabillé, la vérité devient moins difficile à connaître.

— Eh ben, la fin d'tout ça? croyez-vous, quand vous parviendriez à rend'e évident comme eune proposition d'algèb'e que c'taut'e soit vot'e fils, croyez-vous, dis-je, que pour nos beaux yeux, l'roi ira en faire un maréchal-de-camp et un officier d'sa maison?

— Non, sans doute, monsieur. Aussi, comme je ne veux pas que ma tendresse soit surprise, de même il ne faut pas que la bienveillance de sa majesté le soit : notre devoir est de l'instruire de tout.

Le duc fit un saut en arrière.

— Y pensez-vous! aller persécuter l'esprit du roi d'tout c'commérage!

## CHAPITRE VII.

— J'irai, monsieur, j'irai : je ne me laisserai détourner par rien d'un devoir deux fois écrit dans mon cœur: comme mère, d'abord, et ensuite comme sujette.

Le duc voulut résister : il supplia, il parla en maître; tout fut inutile. Le résultat de cette contention fut que le lendemain ils étaient l'un et l'autre dans le cabinet de Louis XVIII et seuls avec lui.

— Voilà, en effet, une étrange aventure, dit le roi, quand on lui eut tout expliqué. C'est un véritable *nœud gordien* qu'il faut trancher à la façon d'Alexandre; car je ne vois pas de moyen satisfaisant de le dénouer.

— Je fais une réflexion, et elle ne s'était pas encore présentée à mon esprit, dit la duchesse. Quand ces deux pauvres enfans ont été perdus, ils portaient des vêtemens de forme et d'étoffes différentes. Je me rappelle parfaitement celui dont le mien était couvert : c'était une petite robe de soie bleue....

— Garnie d'une magnifique collerette de point d'Angleterre ; c'est vrai, ajouta le duc.

— En interrogeant sur cette circonstance la femme à qui nous devons la découverte du premier de ces enfans....

## CHAPITRE VII.

— Sa réponse, dit le roi, pourrait être un coup de foudre qui vous tuerait. Je ferai chercher cette femme, précisément afin que cette fatale lumière ne vous soit jamais donnée par elle. Ayez deux enfans au lieu d'un : votre cœur peut y suffire, madame. De ces deux enfans, l'un aura les droits honorifiques, le nom, la fortune, toutes choses qui ne font pas le bonheur des individus, mais qui importent à l'illustration des familles, à la splendeur de l'État; l'autre sera dans une situation plus obscure, et qui lui conviendra mieux, en même temps qu'elle vous siéra davantage. Vous goûterez deux sortes de satisfaction pour une dans votre heureuse incertitude : celle d'être justes et celle d'être bienfaisans. Justes envers votre fils qui sera bien certainement l'un de ces deux jeunes gens, et bienfaisans envers l'autre dont vous aurez fait ou favorisé la fortune. Et ceci me paraît être si bien de votre intérêt, que je vous le commanderais, si je n'étais sûr que votre attachement seul vous y fera déférer.

En prononçant ces mots le roi poussa légèrement sa table, et ce fut le signal de la retraite : le duc et la duchesse s'éloignèrent.

— Vous n'oublierez pas, leur cria Louis, quand ils furent près de la porte, que nous signons dimanche prochain le contrat de mariage de mademoiselle d'Ar*** et du marquis de Bretignolles.

## CHAPITRE VII.

Ils s'inclinèrent et sortirent.

— Voilà un jugement digne du roi Salomon! s'écria M. de Bretignolles quand ils furent dans la salle du trône où ils se trouvèrent seuls. La duchesse ne répondit point.

Pour ne pas abuser de la patience de nos lecteurs, nous finirons en deux mots.

Le marquis Alphonse de Bretignolles (ainsi se nomme définitivement l'enfant trouvé par Jacques Blondeau) épousa mademoiselle Athanasie - Liberte d'Ar\*\*\*. La cérémonie eut lieu à Saint-Thomas-d'Aquin, en présence de ce qu'il y avait de plus distingué dans les deux noblesses. L'air satisfait des jeunes époux fut comme le présage de la félicité dont ils jouissent encore aujourd'hui. Ils fixèrent leur séjour à Paris. M. de Bretignolles le père continua aussi d'y demeurer, ainsi que le marquis d'Ar\*\*\*. L'âge de la retraite semblait cependant être arrivé pour celui-là ; mais quand un homme est ambitieux, il est toujours jeune. Pour la duchesse, elle se rendit presque immédiatement dans une terre du Bas-Poitou que son mari avait acquise depuis peu. Chantonnay et Rabillé l'y suivirent. Le premier avait tous les vices que peut faire supposer sa déplorable éducation; mais il n'était pas naturellement méchant. Il s'efforça de répondre à des soins dont il était loin de soupçonner la cause; et le temps a prouvé en lui quelle influence peut avoir sur une profonde corruption morale la vertu armée d'indulgence, de vigilance et de bonté. Dans les fréquens voyages que l'excellente mère faisait à Paris, elle jouissait, dans toute la plénitude d'une ignorance qu'elle appréciait enfin, et des heureuses qualités du marquis, et de la tendresse qu'il lui témoignait. Elle aimait à se persuader qu'il était son fils. Enfin, il pouvait l'être; et s'il y avait au fond de son cœur quelque secrète préférence pour l'autre, cela ne venait pas de ce que la nature se déclarait, mais seulement de ce que cet autre était le plus malheureux. Rabillé, qu'on n'instruisit de rien, la suivait presque toujours dans ses voyages. Elle avait aussi de grandes attentions pour ce bonhomme. Il montrait un attachement remarquable pour Alphonse. Et de son côté, le jeune homme, sans avoir le moindre soupçon des choses, répondait avec un empressement très-vif à ses naïves amitiés. Madame de Bretignolles se faisait un cas de conscience de favoriser cet échange d'affections. Il y avait dans la protection mystérieuse qu'elle exerçait ainsi par un sentiment délicat, mille secrètes jouissances qui compensaient du moins celles que son cœur pouvait s'affliger d'avoir perdues.

De nos autres amis et connaissances,

## CHAPITRE VII.

Javotte vécut retirée à Cormeille, près Paris. Le brevet d'une petite pension sur la cassette, lui arriva un beau jour par la poste, sans qu'elle sût de quelle part, ni à quelle occasion. Le comte M*** continua d'être le tendre ami d'Alphonse, qu'il ne pouvait se déshabituer de nommer Saint-Jacques. Le vicomte de La Merlatière, gradé, pensionné, décoré, conserva grades, pensions et décorations : il en jouit même encore aujourd'hui. Mais furieux un jour contre son valet-de-chambre qui lui avait fait une légère entaille au menton en le rasant, il voulut courir après lui, et se cassa la jambe; de sorte qu'il marche aujourd'hui avec des béquilles.

Le pauvre capitaine Guesdon est mort à Waterloo. Le colonel Remi n'a pas été tout-à-fait aussi malheureux ; il n'y a laissé qu'un bras. Ses opinions politiques lui ont attiré quelques légères tribulations de la part des différens ministres de Louis XVIII et de Charles X. Il s'est distingué dans les journées de juillet; et depuis ce temps il n'a presque pas quitté Sainte-Pélagie. Qu'on ne croie pas toutefois que cela le rende mélancolique ; il est au contraire d'une inconcevable gaîté ; il prétend que jamais on n'a mieux opéré, pour faire triompher son système favori, en rendre les avantages sensibles et donner envie d'en essayer.

# CHAPITRE VII.

Telle est l'histoire du *Baron de l'Empire*, dont, par un nouveau caprice de l'art, le dénouement le plus satifaisant était précisément qu'il n'y en eût point. L'auteur ne veut pas s'en faire un mérite ; il désire cependant que dans un temps où l'on préconise surtout ce qui est singulier, cette singularité ne passe point tout-à-fait inaperçue.

FIN.

# TABLE DES CHAPITRES.

|  |  | Pages. |
|---|---|---|
| Chap. | I<sup>er</sup>. La Promesse. | 1 |
|  | II. Défection. | 24 |
|  | III. L'Enlèvement. | 49 |
|  | IV. Vieilles connaissances. | 74 |
|  | V. Caprices de fortune. | 95 |
|  | VI. Difficultés. | 127 |
|  | VII. Nouveau Nœud gordien. | 156 |

FIN DE LA TABLE.

Paris —Imp. de Félix Locquin, rue N.-D.-des-Victoires, n° 16.

www.ingramcontent.com/pod-product-compliance
Lightning Source LLC
Chambersburg PA
CBHW071948110426
42744CB00030B/651